行走的意义

芒种山河采风集

主编　魏春丽

副主编　贺梦晗　周叶润

ZHEJIANG UNIVERSITY PRESS
浙江大学出版社

序言 PREFACE

行走的意义，古人早有阐释：
"读万卷书，行万里路。"
即便逃不了一考定终身，
这句话，从董其昌开始，
便成为国人教导年轻学人
颠扑不破的，成人之礼。

世间纷繁，象牙塔打破，
又有人说：
"读万卷书，不如行万里路。"
于是行走，
成为另一种阅读方式，
成为个体的时代表达，
成为人生，必修之功课。

芒种的年轻人，
他们走出书斋，
用行走的方式，
阅读着，从远古走来的中国，

序言 PREFACE

走进了，宏大的农耕博物馆。

他们翻过雪山草地，
邂逅甜蜜的天山本草蜜，
咀嚼青海青稞的粗粝，
体味西藏羊绒的温暖，
探秘江华苦茶的野性与柔情，
找到了从前，沈从文小说里，
大湘西的神秘梦想。

他们共春雨潜入江南，
与绍兴好茶相约，
遇见汤显祖故里的茗汤，
见识《小石潭记》中的"水尤清冽"，
与江西在诗歌中唱和共鸣，
从深山，找到了自在的茶，
读懂了风雅，这一种江南独有的品味。

他们寻访秦岭巴山，

敲开汉人老家大门，
牵起中原千年底蕴，
就一杯山西药茶，品中华百草精华，
看白鹿原上的风，拂红了漫山樱桃，
观临潼石榴，又如何结出了红宝石。

他们走边塞、闯关东，
用脚丈量出"豪迈"的真实含义，
链接起诗与远方，与人们的日常，
大漠长河、甜蜜瓜果、边塞文化，
他们说，有一种米香叫"庆安香"，
更有一碗猪肉炖豆角，
在寒地黑土上，照见北方中国。

他们跨过长江黄河，
望见波澜不惊的悠然，
与滚滚长江之间的默契。
南国广东煲汤里的学问，
藏着岭南文化的自得，

一碗豆花，盛开了惬意生活的莲花，
草木欣荣的江山，是他们自豪的祖国。

23个省，5个自治区，4个直辖市
芒种的年轻人，
从求是的浙江大学走来
走在坚实的中华大地上，
行走，是他们的信仰，
行走，成为他们赋予这个祖国，
别一样的，赤子之心。

是为序。

芒种品牌管理机构专家委员会主任　胡晓云

2021年8月6日

目录 CONTENTS

神秘

风雅

底蕴

豪迈

悠然

后记

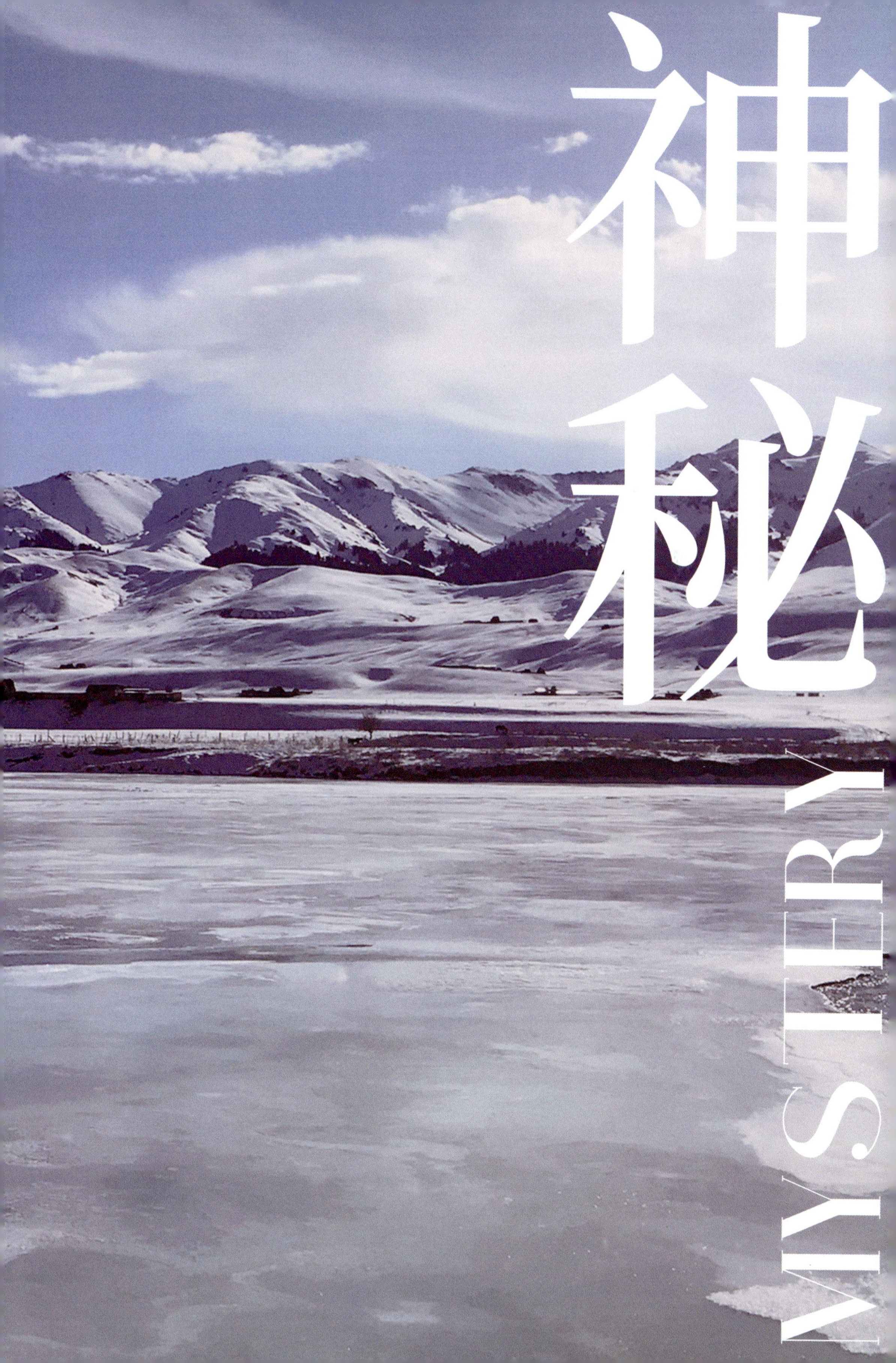
神秘
MYSTERY

踏过雪山草原
探索神秘青海

文/石正义

————————

　　青海，一片低调而又神秘的地域，作为青藏高原的一部分，它被人反复提起，也因"青藏高原"四个字而被人忽视了其独有的特色和魅力。青稞，一颗撑起高原民族的神奇种子，它是藏区人民的重要口粮，维系着几百万藏族同胞的日常生活，也延续了几千年的藏族文化。青海省是青稞的重要产区，其所生产的青稞与其他产区青稞又有什么不同？为一探究竟，芒种团队踏遍雪山草地，近距离感受这一片土地，探索其隐藏在低调外表下的独特意蕴。

一山之隔，两个世界

刚到青海的头两天，走在西宁繁华的街头，发现与南方城市并无太大差别，以为这趟青海之行似乎也没什么惊喜。第二天起个大早，天还灰蒙，我们就踏上了去青海省海南州的调研之路。而就是这一路，我们才意识到原来青海之行才刚刚开始。

汽车沿着省道 S101 一路向前，从城区穿过隧道，一个完全不一样的世界突然展现在我们眼前，阳光灿烂、草原辽阔、雪山峻美……突如其来的惊喜惹得众人都振奋起来。"这不算什么，好的还在后头。"司机老刘得意地说，"你们看到的这座山叫拉脊山，刚过的那个隧道叫拉脊隧道，过了这个隧道就到贵德了。"

正如老刘所说，之后的路程就没再让人失望，连绵的高山、草地，成群的牦牛、藏羊，还有路边虔诚叩拜的信徒和天空中翱翔的雄鹰，不断地向我们展现着青海青稞的生长环境。

我们停留的第一站是贵德国家地质公园，位于海南州贵德县境内，分阿什贡园区、麻吾峡园区、黄河河谷园区三个主园区，各呈独特风采：阿什贡七彩峰丛地貌多姿多彩，秀丽壮美；麻吾峡风蚀地貌鬼斧神工，变幻无穷；

黄河谷地碧绿青葱，似塞上江南。多样的地质遗迹反映了地质历史时期青藏高原的演化过程，也记录了黄河的发育史和贵德自然环境的变迁。

下午，我们到达了贵南牧场。贵南牧场与其说是一个牧场，不如说是一片农牧区。"你们路上看到的那些草场都是我们公司的！"魁梧的贵南草业开发有限责任公司副总经理略带骄傲地告诉我们。

青海省贵南草业开发有限责任公司前身是青海省贵南牧场，始建于 1933 年，地处海拔 3050~3300 米之间，占有 70 万亩天然草场和 34 万亩耕地，是青海最大的青稞种植场。为响应退耕还草政策，现只保留 9 万亩种植面积，其中黑青稞 5 万亩。草场的人告诉我们，耕地也需要保养，休耕一年养足了养分，来年产量更高。现在他们都遵循有机种植，亩产比以前低了很多，就更需要精细化耕作了。

　　去贵南路上我们看到了黄沙头国家沙漠公园。黄沙头位于贵南县森多镇，放眼望去，虽远处仍有大面积的沙漠，但经过多年的治理，沙漠化已经得到了有效遏制，草原面积得以扩张，成群的牛羊马在草地上漫步、吃草，显得辽阔、悠远。

纯美世界，纯净青稞

青海省因青海湖而得名，也可以说因青海湖而闻名。青海湖是我国最大的内陆咸水湖，浩瀚湖面就像大自然赐予青藏高原的一面宝镜。

清晨，大天鹅成双成对地在湖中嬉戏，相互梳理身上羽毛，偶尔腾空起飞，偶尔衔食湖中的美味。岸边成群的赤麻鸭栖息着，阳光正好，湖水摇动，远方的雪山映衬着这一幅绝美的生态图卷。傍晚，登上青海湖边的小山远眺，彩云悠悠，湖水湛湛，夕阳将天空染成了彩色。由远及近，天空、雪山、草地、湖水，一层层色彩，怕是最出众的画师也难再现其景致。面对这样的美景，我们丝毫不敢打扰，只是在一旁静静地观赏，感叹大自然的神奇，感叹青海湖的纯净。

茶卡盐湖是青海省的又一大名湖，位于海西州乌兰县茶卡镇，是一个富饶而美丽的天然盐湖，其纯净的湖面被称为"中国的天空之镜"。站在湖边栈道极目远眺，天空澄净，一碧如洗，白云悠悠连绵，山脉相连延伸开去。冬季的风裹挟着寒气而来，吹动湖面波纹轻泛。待到夜幕降临，高原上的天空变成了璀璨的星河。远离城市的污染，在纯净的夜空中，点点星光汇聚在一起，交织出美丽而神秘的画卷。

在青海，物与物、人与人之间关系似乎都是这样简单纯净、恰到好处，青稞和青海的关系也是如此。

青海是世界四大无公害超净区之一，也是全国五大牧区之一，其地处高原、日照充沛、气候冷凉干燥、病虫害少，为青稞健康、有机生长提供了得天独厚的自然条件。2019年3月，农业农村部与青海省人民政府签署了"共建青海绿色有机农畜产品示范省"的合作框架协议。自此，青海省进一步加大了化肥农药减量增效试点、试验田建设，在全省范围内减少化肥农药用量，提高有机生物农药使用率，取得了显著的成效。可以说，在自然环境的赋予下和全省人民的共同努力下，青海青稞正在成为纯净高原的新的代表。

高山冰雪，生命奇迹

调研的第二程，我们前往玉树，去看看那里的黑青稞。

飞机缓缓下降穿过巴颜喀拉山脉，当飞过山顶的时候，仿佛整座山脉就在脚下。连绵的雪山一望无垠，只有锋利的山脊和蔓延的沟壑才隐约分割出山与山之间的形状。此时飞机正好一个转弯，耀眼的太阳出现在眼前，望向窗外，机翼在雪山和太阳之间滑翔，构成了一幕奇异的景象。飞跃雪山继续下降，稀薄的云朵被高空的气旋吹散，透过云层看到的高原忽明忽暗，如一群蜡象在雪中奔腾，又如巨人的胸脯仰卧在这星球之上。

我们在玉树巴塘机场落地。出了机场就是冰天雪地的世界，一眼望去，就连行车的道路都如一条白练。道路两旁是白色的草原，草原尽头是白色的雪山，雪山之上是白色的云雾，云雾中透过白色的日光。唯有飘动的经幡还保留着原来的样貌，为这冰雪世界增添了一分多彩。

成群的牦牛、藏羊出现在路边，有刚出生的小牦牛，毛茸茸的一团像个猕猴桃，躲在母牛的肚子下一动不动。偶尔能看到几只野鹿在草地上转头、抬脚、跑几步，仿佛雪原上的精灵。

汽车沿着盘山公路缓缓上山，到达近五千米的高处后又缓缓下山。连绵的雪山、蜿蜒的冰河，如画卷般不断展开，用纯白和庄严洗净我们的眼帘。太阳西斜，即将移到山的另一头，在将落未落之间，太阳光从山顶折跃，射出耀眼的光芒，金色的山峰仁立在雪原之上、蓝天之下，发出神圣的召唤。

第二天清晨我们在当地村民的带领下，穿过崎岖陡峭的山路，来到了海拔更高的村子里。他们热情地招待我们喝家酿的青稞酒，带我们参观黑青稞种植地。尽管这个季节青稞早已收割干净，地上只留枯黄的根茬，却丝毫没有衰败之感。高原上的天空格外纯净湛蓝，在阳光下，草地里点缀着的薄雪反射出晶莹的光亮。成群的牦牛、骏马悠闲地吃着草，构成了一幅恬静的田园牧歌画。

黑青稞是玉树囊谦县最具代表性的青稞品种。笔直的麦秆、稀疏的麦芒、更黑更饱满的果粒，是囊谦黑青稞的主要特征。它的麦芒只长于穗子两侧，称"双禾穗"，减轻了穗子的重量，使得麦秆在冰雹天气里依然能保持挺立。当地人称，这种黑青稞只有在囊谦长这个样，出了这片土地就像是变了种。他们自信这里的黑青稞是最好的，这不仅得益于囊谦独有的地理自然环境，也是祖上传下来200多年的育种、种植技术的传承所致。在这青藏高原不起眼的小地方，我们近距离见证了这一优良的青稞品种。

现代城市与文化之旅

到青海的第四天，西宁下起了第一场大雪。为了不辜负这一场初雪，我们早早出门，踏着雪花前往西宁市区里的寺院和教堂。西宁是座现代化城市，同时又是多民族、多宗教并存的城市，佛教、伊斯兰教、道教、基督教、天主教五大宗教在这里和谐共存，其中藏传佛教和伊斯兰教影响最为深远。

宏觉寺、金塔寺、大佛寺是西宁市区内最主要的三座寺庙，且相距不远。

宏觉寺全称宗喀大慈宏觉寺，是西宁地区影响力最大的藏传佛教寺院之一，共融藏传佛教五大传承（格鲁、宁玛、萨迦、噶举、噶当），是西宁地区的朝佛圣地。该寺始建于公元 10 世纪，在一千多年的历史长河中经历倾圮、重建，多次起落，现已成为促进藏汉团结和谐的重要宗教场所。宏觉寺对面便是金塔寺，约建于明代，清代为塔尔寺属寺，塔尔寺僧人来西宁或过往常住此寺。

西宁大佛寺初建于元代，传说 9 世纪中叶吐蕃朗达玛灭佛时，逃到青海的"三贤哲"藏饶赛、肴格迥、玛尔释迦牟尼在此去世，以此为建寺缘起，形成一座寺院。因殿内塑有"三贤哲"身像，故称之为大佛寺。与三大佛寺和谐

共存的还有教场街基督教堂、东关清真大寺等。身处西宁这座高原上的城市，不禁感慨这现代外衣下竟蕴藏着如此多样的宗教、文化。

嘉那玛尼石堆位于玉树州府所在地结古镇，是世界上最大的玛尼石堆，又称嘉那经石城，成山的石堆皆由镌刻着佛像或经文的石块组成。我们于上午 9 时抵达，正好赶上集体朝拜，石堆外围满了虔诚的信徒，沿着顺时针边诵经边叩拜。路上匍匐着一只年迈的藏绵羊，安静地看着来往的人群，眼里充满了忧郁与慈祥。

据文献记载，这座经石城是藏传佛教高僧嘉那多德桑却帕旺（又称嘉那活佛）于 1715 年创始起建的，经过三百多年的堆献，如今已有 23 亿块之多。

结古寺位于结古镇北面高山之上，历史上一直是玉树北部地区萨迦派主寺，1937 年藏历十二月一日，九世班禅却吉尼玛圆寂于此。寺庙依山而建，殿堂、僧舍呈"金"字整齐罗列在山坡上，规模盛大，站在寺门举目眺望，灾后重建的玉树中心城镇尽收眼底。脚底的山间有成群的喜鹊盘旋，天地辽阔，山崖险峻。

　　人们总是将青稞与宗教联系在一起，在大多数人眼里，青稞就像藏传佛教一样神秘。僧人不仅每年食用青稞，也将青稞制成供品或祭品。在藏传佛教的寺庙里有一种独特的香塔叫"煨桑台"，每逢初一、初八、十五，当地民众都会带着青稞前来煨桑，作祈福、祷告。

　　我们把调研的最后一站定在著名的塔尔寺。塔尔寺因藏传佛教格鲁派创立者宗喀巴大师而闻名于世，乃中国西北地区藏传佛教的活动中心，在中国及东南亚都享有盛名。因先有塔再有寺，故名塔尔寺。寺庙四周群山环绕，如同莲花一般，故称莲花山。寺中有酥油花、壁画、堆绣合称"塔尔寺艺术三绝"，此外还有无数金殿宝塔、经书法器，不愧为青海地区首屈一指的名胜古迹。

　　七日之行匆匆忙忙，青海那么大，我们所见的还远远不是青海的全貌，但这一趟已足够幸运。我们深入所到之处，细细品味、思索。青海的山川湖泊、神秘故事就像宝藏一样，安静地等待着人们去发掘，今日我们已见一斑，未来有缘还会再见。

黔东南的民族村寨

黔东南
苗山侗水的民族田园

文/章胭胭

黔东南，全称黔东南苗族侗族自治州，位于贵州省东南部。这里与世隔绝，保留着原始的生态环境与民族风情，对外界来说是个颇具神秘色彩的地方。

中华五十六个民族，黔东南地区就有四十多个，苗族、侗族、汉族、瑶族、壮族等众多民族同胞在此栖居。除了我们熟悉的这些民族外，在黔东南神秘的大山深处，还聚居着许多"未识别民族"，比如革家人、木佬人、绕家人等等。

不同民族聚居在各自的村寨之中，世间万物沧桑变化，这片群山之中珍藏的小天地，却依旧如刚出世那般，不谙世事，纯真美好。

大山深处的原始村寨

在从江县的大山深处，有一个原始村寨令人心驰神往，它就是与现代文明形成鲜明对照的"中国最后一个持枪部落"——岜沙苗寨。

关于岜沙的文章和摄影作品非常多，借助作家与摄影家的描述，我们脑海中勾勒出了岜沙的生活图景：这里有枪不离身的男人、古代武士的装扮、崇拜太阳的部落、奇特的成年礼、爱护树木的传统、生死轮回的概念……

岜沙苗寨

进寨时已是日暮，一路上，一对对夫妻骑着三轮车回寨，车斗里装着满满的树枝。车子走近时，大家的目光完全被岜沙男人的发型吸引了去。这个发型叫"户棍"，看起来很像古时武士的造型。岜沙男人的成人礼，就是用镰刀剃出"户棍"，这是男子力量的象征。

我们跟着一对夫妻一路小跑，等他们下车后，发现他们身上的苗族服装也非常漂亮。虽说因为刚劳作回来，衣服上沾了尘土，但百褶裙鲜艳的图案依旧夺目。

原本静悄悄的寨子，因为主人们的归来开始热闹起来。趁着天还未黑，岜沙人开始做饭了，到了饭点，棚里的猪也变得不安分起来，像是在催主人喂饭，路上走来了鸡鸭。岜沙苗寨这生动奇妙的一幕，人与自然和谐至极的一幕，像极了暮色时缓缓打开一幅田园画卷。

这份美好来之不易，除了山中相对闭塞的环境成就村寨的安宁外，还与岜沙人爱护树木、尊重自然的传统有莫大关联。岜沙人坚信万物有灵，相信每一棵大树都住着祖先的魂灵，越是古老的树木就越有灵性。他们还有种"生命树"的传统：人出生后种下一棵树，死后也长眠于树下。所以岜沙人几乎不伐木，这就解释了他们从山中运回来的大多是树枝而非树干。正是人与自然的和谐相处，成就了这片美丽的世外桃源。

慢时光里的好生活

在黔东南,像岜沙这样引人驻足的美好村寨还有很多,比如位于黎平县的肇兴侗寨。

肇兴侗寨

侗族傍水而居,河流是寨子里必不可少的一部分。我们来到寨子的河边,只见河两旁的吊脚楼里,许多布匹正在阳光下沐浴,再是忽然听见"咚咚咚"的声音。我们循声走去,一个侗族姑娘正在捶布。问了方知,这是在制作亮布,一种侗族人很爱穿的布料。亮布制作完成要经过"十染十漂十捶",捶布的过程可以理解为抛光,捶得越久,布料上的金属光泽就越强。

岜沙苗寨

肇兴侗寨

侗族亮布的制作过程——捶布

隆里古城

　　如果将岜沙苗寨比作一首超凡脱俗的田园诗，肇兴侗寨则更像是充满烟火气的生活诗。这里人与人之间充满亲和力，大家时常聚在一起，吃饭、喝茶、畅聊欢笑。我们沿寨中街道走时，就碰上好几处原住民的聚餐，大家围坐在矮矮的圆桌前，手里抓着糯米饭吃，很有粗布短衣配粗茶淡饭的简单生活之趣。

　　苗侗是黔东南人口数量最多的两个民族，其次便是汉族。在走访了岜沙苗寨与肇兴侗寨后，我们来到锦屏县的隆里古镇，在这里感受熟悉而又陌生的汉文化风情。

隆里古城

　　隆里古城是明朝留下来的军事城堡，城内以徽派建筑为主，居住者多是明代"调北征南""屯田戍边"军人的后裔。古城民居的门楣上一直延续着门第文化对宗族起源、父辈名望与家风的敬仰，三槐第、五柳堂、关西第等分布于隆里古城的大街小巷。

　　徽派建筑与家风文化对我们来说并不陌生，但家家户户门口张贴的对联，倒是别有一番风味。一般的新婚小夫妻都爱用比翼双飞之类你侬我侬的祝福语，这里的喜联则别出心裁地勉励夫妻携手奋斗，透着一股子韧劲，它是这么写的：不愿似鸳鸯卿卿我我嬉戏浅水，有志学海燕风风雨雨比翼高飞。古镇里的生活节奏虽慢，人们奋发向上的热情却不减半分。

田园里的生存智慧

在黔东南的生活画卷里，农业无疑是浓墨重彩的一笔。

贵州以喀斯特地貌为主，位居东南部的黔东南森林密布，水系众多，是难得的鱼米之乡。加上不同民族生活饮食、农耕习惯各不相同，经过千百年的传承发展，黔东南的农产相比其他山区显得更为丰富、更加与众不同。糯禾就是一个典型。

新生、婚嫁、节庆、建房、祭祀、葬礼……这些带着神秘色彩的侗族习俗或祭祀里，糯米从未缺席。侗族人始终保持着对糯禾的偏爱，无论是香飘一方的糯米饭，还是醉倒万千游客的酒坛，追根溯源，都与糯禾有着千丝万缕的联系。

为了保持稻鱼鸭系统内的生态平衡，鱼苗和鸭子放入的时机很有讲究。侗族人通常是这么做的：以谷雨前后为节点，在犁耙好的稻田里插入秧苗，同时将鱼苗放入其中，等到鱼苗长成两三指大小，再把雏鸭放入田中。

稻鱼鸭系统里的每种生物，都能在彼此的帮助下生长得更好。鱼捕食害虫，排泄物是良好的天然肥料，是糯禾的最佳伴侣。鱼以鲤鱼为最佳，因为鲤鱼不喜欢吃草，不会像草鱼一样，把幼小的秧苗当作食物；而且稻田鲤鱼喜欢钻入秧苗根部捕食，练就一身紧实细密的鱼肉，吃起来口感上佳。鸭子爱在田里来回游动、扑腾，把水下的泥土和养分都搅和起来，起到除草、松土、保肥和促进肥料分解的作用。

正在晾晒的糯禾

正如稻鱼鸭系统中闪烁的平衡生存智慧那样，黔东南之所以能有如今的历史风貌，是因为人与自然之间始终守护着平衡，人类没有对自然过分索取，自然也不会对人类怒吼咆哮。

即使世界范围内的工业浪潮曾一度将农耕文明逼至角落，黔东南这片世外桃源的人们依旧"我行我素"，顽强地守护着青山绿水。直到如今，最好的时代已然来临。这里的一草一木皆是财富，每年慕名来到黔东南的游客数不胜数，绿水青山终得让农民喜笑颜开。

黔东南的故事就像一条永恒的河，从过去走到现在，还将永不止息地一直走向未来。

探秘江华苦茶的
"野性"和"柔情"

文/章䏝䏝

我国西南地区,横亘着云雾缭绕、绵延不绝的大瑶山,瑶族人依山建寨,在这里繁衍生息。湘南永州的大山里,藏着一座"神州瑶都",这是全国瑶族人口最多的县,江华瑶族自治县。惊蛰时分,我们深入瑶山,只为探寻一杯有性格的茶——江华苦茶。

对远方的客人而言,江华的交通并不便利,从最近的机场或者高铁站开车进城也需要两个多小时。我们从杭州出发,初入这个湘南边陲小城时已见暮色。

小城的风景很美,景色入眼,一股似曾相识的感觉涌上心头。寻顾道路两旁,长鼓形的路灯一字排开(长鼓是承载瑶族文化习俗的乐器),仿佛亭亭玉立的瑶家少女,拍打出热闹的节奏欢迎远方来客。

苍苍暮色中,依稀可见群山剪影,近山俏丽,远山辽阔,不知不觉已是截然不同的景象,远离工业喧嚣,远离世俗纷扰。原来这似曾相识的感觉,是归乡。

几度风雨几度游——瑶族文化，代代相传

要想读懂江华，必先走近瑶族文化。这个如今在我国湖南、广东、广西等地安居乐业的山地民族，曾历经几千年漫长而又艰难的迁徙过程。

瑶族的先辈，传说是古代东方"九黎"中的一支，原始社会时期生活在黄河流域。之后由于部落、诸侯割据，以及朝代变迁，瑶民逐步向南迁徙，以刀耕火种、不固定的游耕农业经济为主要的生存方式。

多次的南迁并没有阻断瑶族文化的传承，相反，瑶族人始终坚守着对祖先盘王的尊敬。每年临近农历十月十六日盘王节，各地前来江华拜谒朝觐祖先盘王的瑶族同胞络绎不绝。他们会在江华境内姑婆山顶的盘王庙祭祀，高奏长鼓笙乐，敬献美酒香烛，三牲清礼，为始祖盘王贺福祈祷。

一朝梦回西汉朝——煮茶待客，千年如此

江华瑶民爱喝"苦茶"，其名字的由来，起源于一个美丽的误会。

"苦茶"其实不太苦。（只有在古法制作的茶中会品见一些苦味，而今江华苦茶更多地采用现代手法，已经避开了苦味）瑶家主人敬茶，当客人问到这是什么茶时，瑶家人总会说，也不知道是什么茶，就是好茶。瑶语的"好茶"听起来就像是"苦茶"，再加上瑶家古法做的茶入口稍苦，久而久之，江华的这种茶就被叫成了"苦茶"。

瑶族人以茶待客，钟爱饮茶，宁可三餐无酒，不可一日无茶。融入瑶族人日常生活的苦茶，其历史可以追溯到两千多年前的西汉王朝。

长沙马王堆汉墓被发掘的时候，研究学者发现了一箱苦茶，这说明江华苦茶作为祭祀礼品至少已有2000多年的历史。

与苦茶一同出土的还有两张地图，分别是帛书《地形图》和《驻军图》。《地形图》绘制的是长沙国南部地形图，而《驻军图》绘制的是长沙国南部的一个局部地区，主区在今天江华县的潇水上游，地图上标注的"深平城"，就是如今江华县的沱江镇。

这两张古地图和后来考察发现的江华苦茶资源分布图，神奇地叠合在了一起，天衣无缝地为我们还原了当时的场景：两千多年前，山中瑶族人已掌握了制茶技术，一箱箱苦茶翻山越岭来到古长沙城。

神秘瑶山苦茶香——"野"之所在,香之所在

江华苦茶到底是种怎样的茶?不去瑶山深处看看,不到瑶族人民家中坐坐,恐怕永远无法得到答案。于是我们从县城出发,在山路上颠簸了近3个小时,来到了江华瑶山最深处的瑶民家中寻找。

这一路上我们在感叹大自然对瑶民的慷慨,山林绵延不绝,云雾缭绕。料想每一个茶香伴随自然鸟鸣的清晨,都会是城市里梦寐以求的生活。也听闻这无尽的山林中,生长着苏铁、银杏、桫椤、红豆杉等这些珍稀植物,极其富饶的生物资源,得益于瑶族人们对自然的温柔以待。这片茂密的山林便是江华县的宝藏,也让江华拥有了"天然氧吧""华南之肺""南方天然大棚"等诸多美称。

江华的茶叶种植以山岭分东西,岭西是产业化的茶园,是人们自岭东古茶树驯化而得的新一代江华苦茶;岭东则生长着最初始面貌的江华苦茶,它们无序生长,大自然赋予了这些古茶树一份其他茶叶鲜有的"野",也因此能尝见历久弥坚的神秘味道。

我们过路看见了几棵野生的古茶树,百年古树树干高大,茶叶茂盛厚实,采摘茶叶需要爬到树上去。当地人告诉我们,瑶人习惯采茶时不采芽,而是将大片的头年生的老茶叶和一些嫩茶梗采回来制作,因此这种茶在当地被叫作"梗梗茶"。

做茶的方式也很简单,鲜茶叶稍加晾晒后放入热锅内,用双手把茶叶连同茶梗一块揉搓成条索后再晒干,然后用纸包好,吊挂在厨房的灶台上。这样做出来的茶会有烟熏味,并且透着一股淡淡的药香。瑶山湿气、寒气重,有时甚至还有瘴气,喝"梗梗茶"是瑶族人去湿、祛寒、祛瘴、增强耐力、山中劳作时的消疲良方。

我们有幸在瑶族人家中尝到了这样原汁原味的野生茶,并发现他们对喝茶貌似没有复杂讲究,就是把茶叶放进热水壶里泡开,倒出茶水直接喝便是了,还真是名副其实的原生态茶。苦茶也十分耐泡,像极了瑶人坚韧的性格。冲到五六碗水时,茶水味道仍然很浓,于是便有俗话云:"头碗水,二碗茶,三碗、四碗尽量呷!"

制法简单,泡法简单,喝法也是简单直率,相比于延续千年的茶道与人们对茶艺的敬重,瑶人喝茶的观念更贴近于质朴的实用主义,药用、解渴、提神,纯朴地抓住自然本质。这一抹人文气息,让江华苦茶的大自然属性更加鲜明了。

　　此次调研的行程还经历了段"小插曲"，神秘的江华县不仅"野"在遒劲生长的古茶树与其脱俗的神秘色彩，还在这弯绕的山路与朦胧的烟雨里。我们在两天探索后的归途上险些遭遇泥石流的袭击，它拦住了车辆的去路，泥泞能漫至人的膝盖，我们不得不原路返回。

　　不过，也正是这飘绕的烟雨和柔软的土壤，滋养了这一带宝贵的江华苦茶。返程中我们还在回想这个拦路的泥石流，好似是一种挽留，就像这一日招待我们的瑶家人，为我们做了当地的特色佳肴，沏上了好茶，直至天色将晚也仍热情挽留，不愿我们离开。

　　这片土地给人的温暖和感动，像极了江华苦茶回甘的婉婉柔情。

采摘野生古茶树的茶叶

一场湘西
一场梦

文/周叶润

———————

　　在神州大地的中部地区，坐落着一道武陵山脉，天神在这里劈了一刀，劈出了十万大山，后人在这里繁衍生息，生出了淳朴的人民，生出了独特的美食，生出了绚烂的文化，生出了一个独一无二的地方——湘西。

　　2018 年的第二周，芒种团队来到这里，五天的调研时光，看到了壮美的秘境、听到了动人的音符、触到了艺术的纹路、闻到了大山的醇香、尝到了土地的馈赠，湘西的一切就像梦一般，美妙动人。

　　很多人知道湘西是因为沈从文。出生于湘西凤凰的沈从文，20 岁时离开故土到了大都市北京，凭着惊人的天分和努力，从一个小学毕业的穷小子走进了国内一线文人的沙龙。从"乡下佬"到大文豪，沈从文的人生经历了剧变，却仍怀念着心中那永恒的故土湘西，写下大量以湘西为背景的文学作品，构筑了一个令无数读者魂牵梦萦的湘西世界。

　　沈从文在跟友人的书信中曾提到一件很奇妙的事，他在童年时期，每天都会做奇异的梦，在梦里与朋友无忧无虑地追逐玩耍，听到的声音、看到的东西、闻到的气味都是"可知可感"的。

　　湘西有着神奇的魔力，能让时光像风一般地从指间滑走，我们在湘西的调研就像沈从文先生的童年一样，做了一场看得到、听得见、触得到、闻得到、尝得到的"可感可知"的湘西梦，在不知不觉间结束了调研的行程。

在梦里，我看到了别样的风景

德夯苗寨——大自然的鬼斧神工

中国大地上的武陵山脉之中，隐藏着湘西的十万大山，它们看似没有差异，大自然却已经为每一座山头刻上了独特的印记。在这其中最著名的莫过于"德夯"，苗语中意思为"美丽的峡谷"，也被称作"天凿奇峡"。大自然在这片土地上重重地劈上了一刀，形成了跌宕的山势、高耸的绝壁与重叠的峰峦，众多断崖、石壁、峰林、瀑布、原始森林分布其中，纵横溪流、深壑峡谷、飞泻瀑布、竞秀群峰、古木奇花、珍禽异兽与苗族风景，竞相在"美丽的峡谷"中展示着各自的独特魅力。

古迹遗址——一部活的史书

湘西土司城，是土司王朝八百年统治的古都遗址，记录了湘西在历史上曾经的"城内三千户，城外八百家""五溪之巨镇，万里之边城"的繁华景象。湘西南方长城是中国历史上工程浩大的古建筑之一。明朝时期为抵御少数民族的入侵，嘉靖皇帝在北部地区重修了秦长城，而在湘西所处的南部地区，则修建了屹立至今的南方长城。可以说，南方长城架构了那个时代治国方法的精神象征，也成了现代研究明清两代对边远少数民族维护治理鲜活的史料。

小城古镇——真实的梦里水乡

凤凰古城，这座"中国最美丽的小城"，吸引了多少文人墨客为她付诸情感，凤凰却像一位遗世独立的神秘女子，千百年间到底有多少人看得透她呢?浪漫抑或淳朴，冷艳或是热情，每一个人看凤凰，似乎都看到了不同的样子，或许正是这样让人猜不透的神秘，造就了她的独特魅力。

茶峒古镇，被称为真正的边城。在这里我们听到一个叫"傩送"的湘西青年，为了心爱的姑娘，在黑夜的山头上连唱了十首动人心弦的情歌，并发誓要为她唱上三年六个月。也看到这个姑娘"翠翠"在梦碎之后静静地坐在岸边等待。这一切都化作了沈从文的一声感叹，成就了他笔下的不朽名作《边城》。

在梦里, 我遇见了古老的艺术

动人的歌舞

湘西居住着多样的民族, 也蕴藏着多彩的艺术, 能歌善舞的湘西人民每天都上演着精彩。土家族的"打溜子"、茅古斯舞, 苗族的鼓舞、"咚咚喹", 湘西特色的傩堂戏、辰河高腔、花灯戏等各色民族戏剧悉数登台, 共同演奏了一曲各民族和谐、传统与现代交融的湘西特色交响乐。

盛梦的背篓

由竹子制成的背篓, 承载着超越千年的历史, 成为湘西人生活中不可分割的一部分。湘西人自称是背篓里的民族, 无数的孩子们在背篓里感受到母亲走路的节奏, 这只有湘西的孩子们能够体会, 并且一代一代地传承下去。而老一辈背篓匠人们, 则通过背篓制作繁杂的过程, 将他们的价值观传承给下一代: 坚韧, 方可成事。

神奇的苗绣

苗族曾是一个历经苦难的民族, 在不停的迁徙中遗失了自己的文字。他们用针当笔, 用线当墨, 在绣布上描绘着自己的生活和历史, 于是在中国艺术长河中有了独特的风景——苗绣。无论服装还是包帽配饰, 苗族刺绣工艺复杂, 做工精细, 每一针每一线都倾注了湘西苗族人的心血, 每一组图案的纹理, 也都蕴含着美好的祝愿和祈福。刺绣纹样造型多为夸张得体、风格独特的飞禽走兽、花鸟鱼虫等。其中以龙、鱼、蝴蝶、蜈蚣、蝙蝠等苗族特殊图腾最为广泛, 其具有的远古神秘色彩和特殊含义, 只有等时间来告诉我们了。

在梦里，我尝到了大山的美味

湘西地处群山之间，垂直生态显著，全境从垂直方向上可划为河谷温热湿润带、山地温暖较潮湿带、山地温凉潮湿带3个气候类型带。通过原生态的环境、独特的气候、肥沃的土壤，湘西给这个时代带来了丰厚馈赠——古丈毛尖、保靖黄金茶、湘西黑猪、湘西黄牛、湘西柑橘、湘西猕猴桃、龙山百合等特色农产品。

崇山峻岭之中，崎岖道路让这里与外面的世界形成了一个天然的屏障，湘西人自己千年以来的饮食文化，也因此完整保留了下来，形成了属于湘西的独特味觉盛宴。

在深山的苗寨之中，在炭火燃烧形成的天然暖气陪伴下，边饮着两大湘西名茶，边听着当地茶人用夹杂着方言的普通话讲述茶叶的故事。古丈毛尖生长于崇山峻岭之间，600~800米的较高海拔，使得古丈的茶叶能够缓慢积累养分，每一叶都以最丰满的姿态迎接成熟季节的到来。保靖黄金茶，来自一个叫作"黄金村"的小村子，相传明朝时有一位钦差大臣路经此地，因天热而中暑倒地，喝了路边一位采茶农妇所泡清茶后，痊愈如初，于是便赏赐十两黄金给农妇，换取了她十两茶叶。从此"一两黄金一

两茶"的传说便流传开来，这种茶叶就此得名"黄金茶"。

湘西人家家户户的灶台上，都悬挂着一些腊肉，灶台上的烟火，熏出了腊肉的美味。随着时间的流逝，腊肉的味道会愈加香醇，湘西人用双手固执的坚守，保留了大自然最质朴的原汁原味，这腊肉的味道，是时间的艺术，是象征着湘西的神奇味道。

"三天不吃酸，走路打倒蹿"（三天不吃酸，走路都走不稳）是湘西自古流传的说法。湘西人对于酸性食物的需求，是与生俱来的。而湘西所处的独特的"微生物发酵带"，也为湘西人带来了腌制酸性食物的天然条件。

　　大自然赋予了湘西太多的礼物，由于河流广布、常年云雾缭绕，形成的极高湿度给了湘西绝佳的酿酒条件。从装满玉米的大桶里，以传统土法蒸馏而出的精华，就成了醇厚的玉米酒、苞谷烧。三百斤玉米只出一百斤酒，湘西人不为产量，只为守住酒的醇厚、心的纯粹。

　　大梦初觉已在回杭的飞机上了，湘西一梦里的所见所闻所感，真真切切地映在眼前，细细回想、品味，忽然冒出一个想法：或许，此刻沈从文先生正趴在那张书桌上小憩，而我们都只是他那"可知可感"的梦境之中，一些可有可无的角色。耳畔不禁响起先生的那句名言："照我思索，能理解我，照我思索，可认识人。"

去到祖国西北边疆
邂逅甜蜜尼勒克

文/鲁昕

在中国新疆西北部有一个县叫尼勒克,它地处伊犁河上游,是一个以牧为主,农牧结合的山区县,四周高山环绕,峡谷遍布。全县地貌呈狭长柳叶状,如同少女弯弯的眉毛。神秘的西域文化,美丽而缤纷的自然风貌,让人们心生无限向往。

十二月的冬天,尚在杭州的我们正裹着羽绒服瑟瑟发抖,得知将要前往新疆调研,不禁担心能否耐得住西北的严寒,但仍抵不住对这片从未涉足过的土地的向往。调研团队登上了飞往祖国另一边的航班,辗转8个小时,抵达伊犁已是午夜。夜幕下的新疆虽看不到什么美景,但足以让我们这群南方人兴奋。特意走在早已被清扫到路边的雪堆上,听着脚下的"咯吱咯吱",感受2017年与雪的第一次亲密接触。

　　经过了一夜的休整，翌日一早，团队便匆匆走上了尼勒克的调研之路。也许是因为初到祖国西北边疆的兴奋，也或许是因为沿途的风景超乎想象的美丽，旅途疲惫竟一扫而光。皑皑的白雪，连绵的群山，蔚蓝的天空，还有山脚的喀什河在静静流淌……此番河谷山野在清晨的迷雾中更透出几分灵性，俨然一幅天然油画，拿起手机，随手一拍都是大片。当地人告诉我们，这里的美景不止在冬天，一年四季都有其不同的魅力，但能一睹这冬日的尼勒克已足够幸运。

　　尼勒克，蒙古语意为"希望、新生命"。虽为冬季，仍可以想象，这里的春天定是草原辽阔，森林茂密，万物生长，充满希望。尼勒克和谐居住着哈萨克族、汉族、维吾尔族、回族、蒙古族等多个民族，一代代新生命成长、耕作于此。正是这群淳朴的尼勒克人，用他们的勤劳与智慧，从大自然中发掘真正的美味，这正是我们此番调研的真正目的所在。

　　依山而美，傍水而兴。尼勒克境内的喀什河、峡谷、草原，共同形成了独具风光的唐布拉景区，这里也被誉为"百里长卷，天然画廊"。沿着蜿蜒的山路，继续驱车3小时，我们一行来到了唐布拉。尼勒克的风味美食也在此刻揭开了它的神秘面纱——尼勒克黑蜂蜂蜜。

正值严冬，尼勒克的黑蜂还处于半休眠状态，未能亲见黑蜂采蜜劳作的场景，但我们依然有幸品尝到了纯正的黑蜂蜂蜜。长途跋涉后，此时的我们已是迫不及待，来不及泡水，挖一勺蜂蜜就尝了起来。一口入喉，纯粹、香浓、甜蜜，仿佛周围的空气都散发出甜香。期待已久的心情，与蕴含百花香气的蜂蜜碰撞，满足感从心底迸发出来，原来幸福感真的可以吃出来！

蜂蜜本是人们日常生活中常见的食物，但尼勒克黑蜂蜂蜜口感更为浓稠，甜而不腻。其特别之处在于蜂蜜入口后，从鼻腔涌上来的浓郁香气。不同于常见的槐花蜜、枣花蜜等，尼勒克黑蜂蜂蜜的香是各种各样的花香交融在一起。闭上眼，让人瞬间远离尘嚣，置身于春天的草原之上，和谐、安心。这一刻，我们突然理解了，自然的味道与自然的力量。

究竟是什么造就了这样特别的蜂蜜，是否可以把它带出深山，让更多人品尝到，小分队开启了探秘之旅。

都说"中国十分美，七分在西北"，唐布拉空气清新，河水清澈，植被丰茂，土壤肥沃，是理想的"天然蜜库"。据测算，该地域有草场 160 万公顷，蜜源植物十分丰富。其中有利用价值的野生蜜源约 120 万公顷，主要有直齿荆芥、牛至、百里香、蜜花香薷、大蓟、牛蒡、党参、野薄荷、贝母等。具有独特的中药保健价值的花草就达 76 种，生产的蜂蜜、蜂王浆、花粉无污染，是具有药用价值的高级滋补品。环境基础有了，专业的"搬运工们"也是必不可少的重要因素——黑蜂。

早在 20 世纪初，俄罗斯蜂农来到伊犁，从北亚细亚带来了优质的蜂种，跟当地的蜜蜂杂交，形成了独特的新疆黑蜂。得益于尼勒克特殊的自然风貌，尼勒克的黑蜂经过长期的适应、繁衍，能够适应寒冬及高海拔的环境，其强健的体魄从众多蜜蜂中脱颖而出。

　　唐布拉辽阔的草原、茂密的森林、幽深的溪谷都是黑蜂绝佳的采蜜乐园。尼勒克黑蜂能在 -30℃以下的寒冬里安全越冬。黑蜂野外采蜜，节省了饲料，在春季辅助蜜源到来时便能快速繁殖。它们飞行高度高，采蜜半径大，采集力极强，可采集到海拔 1800~2500 米天山深处无污染的鲜花分泌液，因此尼勒克黑蜂蜂蜜以山区野生蜜源为主。同时，低温且高海拔的植物，内质物积累较多，出产的蜂蜜含糖量高，矿物质、有机酸、蛋白质、维生素和酶等营养成分更为丰富。

　　黑蜂从花中采集花蜜后带回蜂巢，而后在巢中慢慢酿造。成熟的蜂蜜需要黑蜂分泌蜂蜡将其封存，即封盖，时间虽长但营养物质更丰富且稳定性强。封盖时间越长，蜂蜜浓度越高，日常消费中，人们可以蜂蜜产品标识上注明的"波美度"来判断其浓度。尼勒克蜂农深知万物皆应遵循其自然法则，只采收成熟的蜂蜜，正宗的尼勒克黑蜂蜂蜜波美度一般可达到 42 度，属一级品，是老少皆宜的健康伴侣。

　　自然的馈赠，加上牧民细心的呵护，尼勒克黑蜂与尼勒克蜂农一同造就了难得的尼勒克黑蜂蜂蜜。随着时代的发展，原始的农耕文化在当地形成了具有一定规模的产业，受到了地方政府的重视。

　　尼勒克县是新疆唯一的黑蜂自然保护区核心地区。2006 年，以尼勒克黑蜂为代表的"新疆黑蜂"被列入国家级畜禽遗传资源保种名录；2011 年，"尼勒克黑蜂蜂蜜"成功注册了地理标志证明商标；2015 年，"国家级新疆黑蜂畜禽资源保种场"花落尼勒克。截至 2016 年，尼勒克全县黑蜂蜂群达到了 3.1 万群，年产原蜜 1000 余吨，花粉 150 吨，王浆 15 吨，产值达到了 1 亿元以上。

　　蜂蜜，是人类最早利用的甜食，现如今被人们广泛食用，而尼勒克黑蜂蜂蜜，更能带给人惊喜。春天到来时，天山雪水流淌，草原百花烂漫，黑蜂穿梭在西域高山的花丛中，尼勒克从白雪皑皑中苏醒过来，与世人分享它们甜蜜的礼物。

风雅

GRACE

最美不过在诗词中
遇见你——江西

文/冯嘉炳

———————

　　中国人向来有山水情结，喜欢在包罗万象的大自然中得一份清闲自在。春夏秋冬，艳阳雨雪，看青山不动，听细水长流。这样宜静宜动的意趣，引得无数文人挥毫泼墨。江西是文化传承重地，不仅因为江西文化历史悠久，名人辈出，还因为江西的山水得自然形胜，兼人文之灵。自古以来，吸引无数文人墨客在这片土地上留下千古流传的诗词。

白鹿虽无归洞迹，青衿犹有读书声

古代书院是进行教育和学术思想交流的中心。江西素有人文之乡的称誉，在书院建设方面也素具盛名，不仅起步早，而且数量多影响深，在鼎盛时期足有千余所，是唐代以来推动中国思想和学术前进的支柱力量。

江西书院大多建于山中，如鹅湖书院位于鹅湖山、白鹿洞书院建在庐山，借由山中的固定场所来达成某种思想流动，是中国教育史和思想史上的一道奇观。提到江西书院，最值得一讲的，便是有着"天下书院之首"美名的白鹿洞书院，它是一个傍山而建的院落，掩映在苍松翠竹之中。

走进书院，我们才发现这里处处透着厚重的历史气息，闪耀着先贤思想的光辉。"白鹿虽无归洞迹，青衿犹有读书声"，踟蹰在白鹿洞书院，一花一草，一树一木似乎都在聆听着来自遥远的教诲，望去的每一处都散发着风骨内敛，儒雅大气。我们吮吸着传统文化的乳汁，欣羡于历史对江西这片土地的眷顾，叹服于它文化底蕴的深厚。

如果说白鹿洞书院是一位"大家闺秀"，那么鹅湖书院便是一位"小家碧玉"，它几百年来始终静静躺在鹅湖山脚下，随着斯人的逝去，院内唯有这参天大树连接古今，像注视古代莘莘学子一般注视着过往之人，也见证着书院的历史变迁。如果古树见而感之，必定在那些年轮里留下了历史的轨迹。

商人重利轻别离，前月浮梁买茶去

台村位于江西省景德镇市浮梁县，是赣东北古村落的典型代表，被评为"中国历史文化名村"和"中国最美休闲乡村"。

带着对严台的无限向往，我们走进了严台古村。严台村被高山围绕，潺潺溪流宛如玉带缠绕在村前，一座石桥横跨溪上，溪边一排整齐的大树，绿荫葱茏遮挡村庄。严台村的古人巧妙地利用溪水，构成小桥流水人家意境，让人不能不感到诗情画意全在其中。

"商人重利轻别离，前月浮梁买茶去"，浮梁早在唐代就是江南重要的茶叶集散地，而高山重叠、森林茂密的严台村更是浮梁采茶的中心地段，功夫红茶便是严台最负盛名的产业。千百年来，严台的村民们享受着来自上天给予他们的恩赐，用勤劳的双手和聪明的头脑，对功夫红茶生产做到精益求精，将之发展为传承数百年的金字招牌。

庐山

不识庐山真面目，只缘身在此山中

"不识庐山真面目，只缘身在此山中。"我常疑惑，诗人既然身在庐山，怎么就不识真面目呢?等真正到了庐山，我们才知晓，庐山雾多云多，几乎一年四季都在云雾缭绕中，故而美丽的庐山姿色，确实无法看得真切。

如果把庐山比作一本精彩画册，那我大概只匆匆地、轻轻地翻阅了两三页。可就是这两三页的间隙，让我欣赏到了庐山的美、庐山的俏、庐山的真。在庐山风景区内，万余亩茶园分布在海拔100~1100 米的崖壁谷坡之上，有的层层梯田，拾级而上，尤如绿色天梯高耸入云。据当地茶叶研究所的人员介绍，唐宋时期是庐山茶文化发展的鼎盛时期，对于中国茶文化产生了经久不衰的深远影响。

庐山又是一座宗教名山。鼎盛时期的庐山，其寺庙道观多达数百处，历代高僧道长都和茶结下了不解之缘。而庐山茶文化正是在几千年的历史长河中博采儒、佛、道众家之长，积淀而成。

以东林寺为名的寺庙，在全国各地估计不下于十座。其中位于庐山脚下的东林寺算是历史最为悠久的一座，建于东晋大元九年，距今已有 1600 多年，历尽沧桑，屡废屡兴。与去过的众多寺庙相比，东林寺大概是最符合我对寺庙想象的，它的环境美且清净，没有人声鼎沸，世俗商业，有的是佛的气息和僧的庄严，在庄穆中又似留了一条通向人间的小径。它的存在，就如同是块净土，拯救了无量众生的绝望。

东林寺

鄱阳湖

浩渺鄱湖水接天 , 波翻浪涌竞争先

鄱阳湖，静静地躺在中国赣北的东南部，是镶嵌于江南平原上的一块蓝宝石。鄱阳湖面积浩大，湖水晶莹透蓝，水质出奇纯净；湖畔草地广阔，花朵艳丽缤纷，天上的云彩似乎飘逸在天与水之间，真有水天一色、湖岸一体的感觉。

在鄱阳湖，最令人赞叹的还是它的丰盛水产。湖内水产品名目繁多，味道鲜美的银鱼，披盔戴甲的龙虾、螃蟹等等。每年秋冬季节湖水下退之际，鄱阳湖到处是一片繁忙景象，以鄱阳湖为名的水产品更是数不胜数。

浔阳江上一名楼, 江水千年阅未休

浔阳楼位于长江南岸，与九江长江大桥遥相呼应，因九江古称浔阳而得名，是文人墨客吟诗作赋的好去处。

历史上的浔阳楼应是一座具有典型古代楼台建筑风格的楼宇，只可惜，历经现代战火运动的洗劫，古老的浔阳楼被践踏得灰飞烟灭。重建后的浔阳楼可分为外三层内四层的结构，青甍黛瓦，四面回廊，古朴凝重，具有明显的仿宋风格。

抬头仰望，檐前悬挂着由赵朴初老先生题写的"浔阳楼"三字巨匾，古朴浑厚的字迹使这座名楼增辉不少。我们进到一楼大厅，正中悬挂着"逝者如斯"的横匾，大堂里陈列着巨幅的水浒108将人物艺术瓷塑，瓷塑两边的墙上是两幅巨大的瓷板画，整个展现的是微缩版《水浒》。将《水浒》的传奇移到浔阳楼，

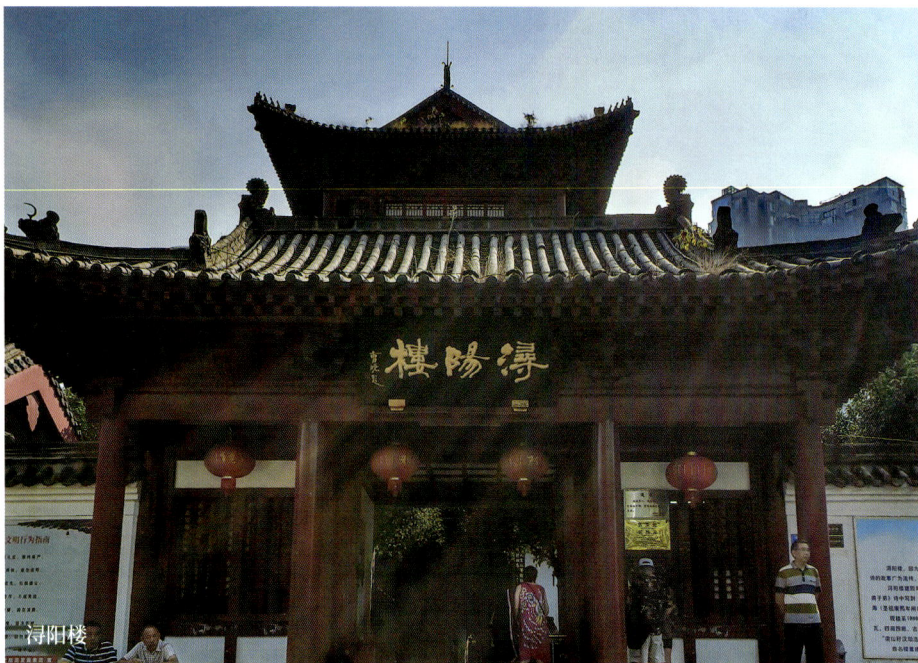

浔阳楼

也让这座酒楼增添了点酒劲和武气。

最惬意的是登上四楼，只见脚下的江堤上，一拨一拨的人正悠晃悠晃地散步，江上往来的巨型轮船偶尔发出一两声长鸣，划破江上的寂静。浔阳楼在滚滚的长江边，经历了多少人世沧桑，可它心如静水，看千年潮涨潮退，云卷云舒，任世界喧嚣嘈杂，依然一副典雅脱俗的厚重之态，默然地屹立在历史的尘烟中。"浔阳江上一名楼，江水千年阅未休"，此话果真不假。

四面山峦拥翠来，神清气爽动诗怀

江西婺源被大家称为中国最美丽的乡村，婺源地处赣东北山区，为怀玉山脉和黄山山脉环抱，地势高峻，峰峦耸立，土壤肥沃，气候温和，雨量充沛，终年云雾缭绕，最适宜栽培茶树。

"四面山峦拥翠来，神清气爽动诗怀。"在中国，不管雅士还是平民，读诗书还是过日子，都离不了茶的滋养，婺

江西婺源

源绿茶既可以是"琴棋书画诗酒茶"，也可以是"柴米油盐酱醋茶"，事实上好茶的条件是好的水土，好的生态，婺源有机生态茶园，提供着好茶，坚持传承茶文化，还有久久不散的茶香。群山环绕中的茶园，每一株茶的背后都是原生态的土地和天然山泉水。

水秀山灵萍实城，城中幽趣每关情

麻姑山因麻姑仙女而得名，传说麻姑仙女曾见过三次沧海变桑田，戏称五百岁者为"小儿"，是个高寿却貌若少女的仙姑。山内生态极好，绿树成荫，常有牛羊出没。游于山中，全然感受不到烈日的焦灼。三伏天久在田间地头暴晒的我们，走进麻姑山就仿佛走进了人间仙境，不忍离开。

"水秀山灵萍实城，城中幽趣每关情"，行走于山间，纵览水秀山灵之际，忽闻法事音乐从远处传来，靠近后发现原来是一座道观，名为"仙都观"。道观掩映在苍翠的参天大树之间，沿中轴线向道观内部走去，只觉悠悠山风拂面，沁人心脾。观内建有鲁公亭，亭中石碑刻有天下第一楷书《麻姑山仙坛记》，出自唐代抚州刺史颜真卿。

除颜真卿外，还有许多中外名人在此留下墨宝，如今它们都成为了此观中"积翠长廊"的展示作品。沿着长廊一路走去，抚摸碑上的字迹，仿佛能听到他们游览山水的心境，品味一勾一画间蕴含的情致。

一方水土养育一方文化，在以禅宗闻名的宜春市，山水之中又藏着另一番韵味。禅宗五家，沩仰、临济、曹洞三家皆发源于宜春。正所谓"一花开五叶，三叶在宜春"。在宜春的自然山水中，最令我们印象深刻的是宜丰县。这里以竹林闻名，竹林规模居全国第三，江西第一。调研途中路过官山自然保护区，山路两旁都是竹子。或许刚刮过大风，有些竹子弯折下来了。当地人告诉我们，这些弯折的竹子也不能随意挪动带走，除非横在路中央才可将其移至一边。为了保护竹林，宜丰县也未大规模发展竹笋产业，可见生态观念在人们心中的分量。如此好的自然生态，也难怪临济宗萌芽于宜丰黄檗，曹洞宗扬穗于宜丰洞山，禅风竹韵，悠然乐享。

这是一场纵横于诗书古词间的奇妙经历，江西的人文风雅、曼妙传说、英雄气概，都值得我们永久回味。从领略"白鹿虽无归洞迹，青衿犹有读书声"的书院风貌、到看见"不识庐山真面目，只缘身在此山中"的山水风物、再到瞻仰"浔阳江上一名楼，江水千年阅未休"的楼阁风情……透过山水风物，书院庙宇、亭台楼阁，我们看到了独属江西的一重重意趣与风骨，听到了这片土地上在不竭吟唱的赣鄱大地传说，也在这包罗万象的大自然中寻到了自己的一份清闲自在。

天下第一楷书《麻姑山仙坛记》——颜真卿

积翠长廊

赏江南文雅
与绍兴好茶相约

文/池佳敏

人生充满约定。有的约定，被岁月坚守，成为生命中最动人的篇章，有的约定，与美好衔接，化作生活里的无限遐思。2020年的暮春之际，团队应约造访绍兴这座江南古城，与昔日的文人雅士"重逢"，与憧憬的江南古城相遇、然后细品上一杯绍兴好茶。我们发现，绍兴的诗情、画意、茶韵恰如想象中一般，美好悠扬。

与文人雅士重逢

绍兴，不是个让人陌生的城市。你或许不曾来过，但必然通过儿时课本领略过它的风采。王羲之写下的千古绝唱，陆游唐婉的沈园邂逅，鲁迅笔下的童年回忆……文人挥笔舞墨，感事抒怀，描绘出不尽相同的绍兴风貌，为世人提供关于这座江南小城的无限想象。

绍兴兰渚山下风景佳丽，一座古朴兰亭立于此处。它的出名得益于文人的一次流觞曲水。东晋永和九年，为过"修禊日"宴，王羲之偕同谢安、孙绰等四十二位名士聚集兰亭。微醉之中，王羲之振笔直遂，写下不朽之作《兰亭集序》。遒媚飘逸、字字精妙的通篇序文向后人尽情彰显书法艺术精彩，也让兰亭受文化赋予，具备了不同寻常的意义。

文人同绍兴，是存在某种特殊情缘的。除王羲之外，诸多文人雅士也曾以情缘为牵引，造访绍兴。他们指点稽山游弋鉴水，留下首首脍炙人口的绚丽诗篇，仅全唐诗的两千名作者，游览过越州的雅士就多达四百位。纷至沓来的雅客，以诗文篇章的形式诉说着绍兴文化的繁盛。这一点单从元稹的"会稽天下本无俦，任取苏杭作辈流"便能窥见一二。

绍兴城市骨架中的文雅风韵滋养文人，孕育如陆游、鲁迅等一批兼具豪情与柔情的江南文人。文人也寄情于会稽山水，在此吟诗作赋，为这片土地增添一份独特的江南诗韵。这份情缘，细腻连绵，却从未了断。

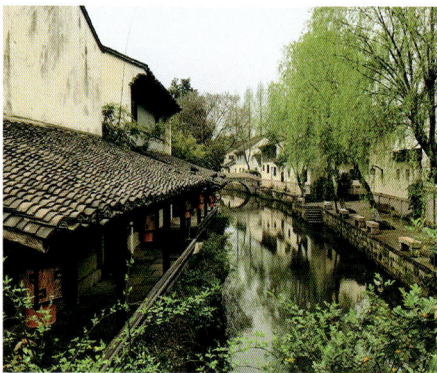

与历史名城相遇

历史文化和建筑自古相互依存。建筑凭借文化的赋予，更具涵养姿态，文化则依附建筑之上，进行生动演绎。

绍兴被称为"没有墙的博物馆"，这座博物馆的建造始于公元前490年，范蠡奉越王勾践之命，在会稽山周围的沼泽平原择地建造新都。而今，根据《绍兴市历史文化名城保护规划》，绍兴城内划定出八字桥、鲁迅路、越子城等八片历史街区，涵养不同的文化底蕴，彰显建筑特色，将城市历史文脉进行永久存留。

为充分领略绍兴风貌，感受古城韵味，我们就近来到绍兴老城西北方的历史文化街区——仓桥直街，一个以清末民初建筑风格为主的街区。

与想象中一致，白墙黑瓦、老街小巷、青石板路、小桥流水人家，这里有着典型的江南水乡风貌。河流纵贯街区而行，周围分布有成片的传统水乡民居。既是水乡也是桥乡，绍兴城内桥梁大小、高低各异，随处可见。在仓桥直街中就有一座拱桥，唤为宝珠桥，它是绍兴现存最高的七折边型单孔石拱桥，石料风化程度已有千年以上。

与各种好茶相约

山水韵味常与茶香缠绵，茶因有山水之胜而显风流，山水得茶之养而显神韵。山水之外，文化的生机更是能为优质好茶添香。一路上，我们以绍兴绿茶品牌打造一事为端，品味到不少兼具山水韵味与文化生机的绍兴好茶。

平水日铸

产于会稽山日铸岭的日铸茶，是我国历史名茶之一，其外形卷曲呈花蕾状，似苍鹰爪，香气栗香馥郁，汤色清绿明亮，滋味醇厚回甘。它的渊源要从宋代说起。

宋代，日铸岭茶区做出重大改革，改蒸为炒、改碾为揉、改研膏团茶为条形散茶，创制出品质极佳的日铸茶。自问世以来，日铸茶便成为名流之辈夸赞的珍品，范仲淹对它有"甘液华滋，悦人襟灵"的赞誉，欧阳修云"草茶盛于两浙，两浙之品，日铸第一"，诗人陆游也曾为日铸茶写下数首茶诗。文人借诗情诉茶情，以示对日铸茶的钟爱，而日铸茶品在数百年文化诗韵的浸养中也愈发优良。受历史发展影响，日铸茶亦曾一度濒于失传。80年代初，绍兴市恢复试制日铸茶，如今平水日铸茶已是绍兴绿茶优质茶品之一。

平水日铸

大佛龙井

大佛龙井

大佛龙井是产自新昌的一种扁型名茶，其外形扁平光滑、色泽翠绿、香气嫩香持久，带有兰花香。大佛龙井生长环境严苛，茶园需在海拔300~800米深山之中，因此生长环境大多清净无喧，净水溪流，比之一般茶叶，好山好水的环境更添了一份悠享自在，静心安宁。

在新昌县政府的大力扶持、推动下，如今的这杯"居深山，心自在"的大佛龙井不仅以醇厚甘爽征服了国内外消费者，更成为了新昌这座城市崭新的名片。2020年，由浙江大学CARD中国农业品牌研究中心、中茶所《中国茶叶》杂志、浙江大学茶叶研究所、浙江永续农业品牌研究院联合开展的"2020中国茶叶区域公用品牌价值评估"当中，"大佛龙井"以45.15亿元位列全国茶叶区域公用品牌第五名，同时也是"最具品牌传播力的三大品牌"之一。

诸暨绿剑

绿剑，茶如其名。绿剑茶外形似若绿色宝剑，在冲泡之时芽头笔立，犹如绿剑群聚，栩栩如生。上世纪 90 年代，诸暨市在总结名优茶生产经验下，经过一系列创新，开发出集观赏与饮用为一体的茗茶——绿剑茶。

若有幸来到诸暨，沏上一杯绿剑，在清香茶韵的氤氲里，轻轻嘬上一口滋味清醇、悦然悦性的香茗，相信也能体会到一种身与心的独特宁静。

诸暨绿剑

越乡龙井

越乡龙井

汇集天地灵气之地，方能孕育一杯好茶，四面环山，四江汇聚的嵊州便是这般产茶圣地。唐时期，陆羽曾以一句"月色寒潮入剡溪"，为后世留下关于嵊州山水好茶的美好想象。岁月蹁跹，如今论起嵊州好茶，当属嵊州最具名气的越乡龙井。

越乡龙井以嵊州独特的地域文化"越剧之乡"定名，选用高山优质茶树嫩芽精制而成。其外形扁平光滑，色泽翠绿嫩黄，冲泡之时汤色清澈明亮、叶底嫩匀成朵，细品一口，更是滋味醇厚，回味无穷，为龙井茶中之珍品，畅销国内外，深受消费者的青睐。

觉农·翠茗

清朝顺治、康熙年间，上虞茶是越州地区人民引以为豪的佳品，被列为贡茶。作为浙东古老茶乡，溯其茶源，汉代时上虞区境内东南山区已有野生茶树，飘散在上虞土地上的悠扬茶香历史长达千年。

近代以来，上虞地区以茶圣吴觉农为名，采用一芽二叶的明前芽叶制成"觉农·翠茗"，其外形卷曲盘花，滋味鲜嫩，具有浓郁的高山茶特点，被我国茶叶专家沈培和先生誉为国内第三代大众型名茶。

绍兴以文化悠长著称于世，茶圣陆羽也曾以"浙东茶，越州为上"赞誉绍兴茶叶。千百年来，绍兴孕育出平水日铸、大佛龙井、越乡龙井等一大批名优茶，它们承载着绍兴的儒雅之风、明德之智，流转于海内外茶客之间，广受推崇。相信在未来，随着绍兴绿茶新风貌的塑造，这杯绍兴好茶将继续香飘天下。

觉农·翠茗

情不知所起

遇见汤显祖故里——抚州

文/章胭胭

总有那么一瞬间，会为一座城倾倒。也许是惊叹山海之壮美，也许是沉醉文脉之悠长。但有时候，爱上一座城就像遇见对的人，来不及细想原因，就已陷入缠绵的爱恋。抚州，这座地处江西省东部的城市，就是这样一个撩人心弦的地方，让你不知不觉就爱上了它。这份情愫，恰似《牡丹亭》唱词所言，情不知所起，一往而深。

才子的风情

自古才子，惹人倾慕。从古至今，抚州共走出过 6 位状元，7 位宰相，14 位副宰相以及 2000 多名进士。这般蔚然成风的文化盛景，让人忍不住想多靠近它，一览风华。

抚州的才子风华，源自深厚的历史底蕴。两千多年前，汉高祖刘邦置"豫章郡"，设"南城县"，县城所辖与今日抚州市范围相当，此乃抚州筑城之起源。而后，抚州之地陆续有过"临川郡""巴山郡"等称呼。待到隋开皇九年，文帝杨坚废临川、巴山两郡置抚州，取安抚之意，从此抚州正式定名。

往后千百年间，抚州一直延续着对文化的信仰、才子的尊崇。从未有一座城市，在历史上出现过如此多与"文昌"相关的地名，北宋以来，抚州相继建造了文昌桥、文昌门、文昌堂、文昌楼、文昌阁、文昌轩等，均取文化昌隆之意。

除"文昌"外，三元楼也承载着对抚州多出才子的美好祝愿。"三元"意在"连中三元"（分指解元、会元、状元，指参加乡试、会试、殿试都皆中头名）。楼中塑有手持金笔的魁星一尊，据说被魁星金笔点中的读书人定能考中。因此，应试的读书人逢考便会踊跃前往祈福。民间流传的"魁星点斗"之说，即由此而来。在这样浓厚的向学之风熏陶下，抚州英

文昌里历史文化街区

才辈出。他们有的活跃在政治舞台，为天地立心，为生民立命；有的潜心钻研，在医学、军事学、自然科学方面均书写了不朽的篇章；还有的驰骋于文学巨坛，留下传世名作。王安石、汤显祖、晏殊、晏几道、曾巩、陆九渊，这些活跃在历史舞台上的人，都是抚州英才的杰出代表。

时光流转千年，抚州始终文脉兴盛。翰墨书香飘洒在这片土地，滋养了代代英才。自唐至清末，抚州创办的书院多达 157 所，创办人或为知州知县，或为文化名家，办学之风浓厚。时至今日，抚州依然重视教育，著名的临川一中，曾在江西省创下"年年有高考，届届有状元"的佳绩。

名人才子的传奇，也由抚州后人不断续写。医学、金融、教育、影视等众多领域均涌现了一大批抚州英才，例如中国物理学界"四大名旦"之一、中科院首批院士饶毓泰，物理学家、中国波谱学奠基人丁渝，《中国文学史》主编游国恩、萧涤非，化学家、中科院院士邓丛豪等。

戏曲的深情

抚州被称为"一个有梦有戏的地方"，这里最精彩的一出戏莫过于《牡丹亭》。它讲述了杜丽娘与柳梦梅跨越生死的爱情故事。百年间，后人用不同的艺术形式演绎过这段佳话，诸如昆曲吟唱、影视翻拍等。

在抚州，我们欣赏到了截然不同的艺术表演——《寻梦牡丹亭》，这是国内首创的集游园体验与沉浸交互表演相结合的大型实景文化演出。16 万平方米的场区内，大量舞美建筑拔地而起，观众跟随故事发展移步至不同的观景地，每一幕都经过精心设计，浪漫不已。

翩翩婀娜的水上舞蹈，如梦如幻的亭台景致，加上演员动情的吟唱，瞬间让人置身戏中。犹记杜丽娘还魂时的场景，水上一段三生路，每一步都是杜丽娘对爱情的执念。

曲目终了，巨型升降台撒下水帘，看到杜丽娘与柳梦梅终成眷侣时，牵动的心弦也总算平静下来，但仍有余音环绕心间，久难消散。

如此动人的《牡丹亭》，出自明代戏剧大师汤显祖之手。不满朝政黑暗的汤显祖辞官回到临川老家，相继执笔完成《牡丹亭》《邯郸记》《南柯记》，此三部著作与其早年创作的《紫钗记》合称为"临川四梦"，又名"玉茗堂四梦"。

就如杜丽娘不拘于封建礼教对女子的压迫，勇于追求幸福那样，汤显祖的作品也不拘泥于戏剧创作的清规戒律，以情动人，诉诸衷肠。汤显祖与莎士比亚生活在同一时代，但他所处的生活环境比莎士比亚所在的伊丽莎白时期要封闭落后得多，也正因此，其作品更是难能可贵。

为了纪念这位伟大的中国戏剧家，从 2015 年莎士比亚与汤显祖逝世 400 周年开始，抚州市连续 3 年举办汤显祖国际戏剧节，吸引中外游客慕名前往。

戏剧节中，除了牡丹亭的爱恋，游客们还能欣赏到丰富多彩的抚州戏曲文化，诸如宜黄戏、抚州采茶戏等，这些都是国家级非物质文化遗产，也是抚州璀璨戏曲文化的缩影。"临川四梦"的经典话本，就曾通过宜黄戏亮相国际戏剧节。

戏曲——《寻梦牡丹亭》

如诗如画的田园风光

自然的柔情

名人荟萃、戏曲文化璀璨是抚州的人文底色。因其文化特色异常耀眼，外人往往容易忽略青山绿水间的万般柔情。

团队抵达抚州后，才惊奇地发现这里宛如一个"小江南"。连片的稻田间，一只老黄牛身边跟着一只小黄牛，悠闲地吃草。电线杆上停满了麻雀，偶尔还有白鹭来访，远山青葱连绵，掩映着美丽的稻田。这般如诗如画的生态之景，给了我们极大的心灵触动，这已然是都市人向往的生活。

秀山与绿野，均是大自然的杰出创造。抚州地处鄱阳湖上游，武夷山和雩山自东、南拥其入怀，全市森林覆盖率达 64.5%，境内的资溪县森林覆盖率更是高达 85.9%，被誉为"天然大氧吧"。

我们来到资溪，在高山密林间寻访一款好茶——资溪白茶。驱车将近一个半小时，调研团队才抵达茶厂所在地，要想深入山中茶田只能徒步。

茶厂老板是资溪本地人，他在山林深处建这片茶园，也是抱着回馈家乡的想法，所以很多树不忍砍去，仅选择在天然的空旷处种茶。从高处眺望，看不到成片的大茶园，只有小面积的茶田镶嵌山中，若不细看甚至难以发现。如此

连绵的青山，茶田镇嵌其中

天然环境下生长的茶叶，稀少而珍贵，茶味清香恬淡，带着在山林间自由呼吸的味道。

自然柔情成就了资溪白茶，也孕育了许多其他珍贵物产。抚州有近 30 个农产品地理标志产品，包括南丰蜜橘、广昌白莲、崇仁麻鸡等全国闻名的佳品。它们大多历史悠久、声名显著。比如南丰蜜橘，曾是给唐玄宗和杨贵妃享用的贡品橘，种植历史可追溯到唐朝开元以前，距今已达 1300 余年。

在乡村振兴的感召之下，抚州市政府高度重视一、二、三产业融合发展，每年收获季以"橘"为媒，邀请八方贵客畅游 70 万亩橘海。游人如织的抚州橘园，呈现出欣欣向荣的别样生机。

南丰蜜桔采摘园

有缘新昌

认定这杯好茶

文/章䏌䏌

———————

　　生活中总有很多微妙、无法解释的事情，我们喜欢把它们的成因归结为缘分。缘分存在于万物之间，它不可言说，却惹人思慕。来到这座地处浙江省东部地区的山城，我们发现，佛说的"缘"，浸润在山水与文脉之间。

与山水的诗意之缘

你或许没听说过新昌，但一定在荧幕前欣赏过新昌的山水之美。许多影视作品的取景地都在新昌，例如《绣春刀 2》《新倚天屠龙记》《知否》等。英雄传奇在此演绎，寻常草木，都能说出不寻常的武侠故事。

为了一睹山水风貌，我们来到下岩贝村的观景台。向远处眺望，最亮眼的便是一排形状各异的山峰，那是著名的穿岩十九峰，峰峰相连，横贯 2.5 千米。每一座山峰都有自己的名字，香炉、缆船、马鞍、新妇、棋盘、卓剑、覆钟、望海……

新昌的山水，既有武侠电影的快意恩仇，又有江南小镇的似水柔情。无数诗人慕名而来，踏出了一条唐诗之路。李白在《梦游天姥吟留别》中叹道："越人语天姥，云霓明灭或可睹。"诗中的天姥山在浮云彩霓中时隐时现，胜似仙境。白居易曾将新昌著名的天姥山、沃洲湖比作"东南眉目"，足见其灵秀动人，柔情万分。

山水因诗尽显风流，诗因山水更显神韵。不论是武侠演绎的诗意，还是唐诗吟咏的诗意，新昌山水都与之结缘，相互成就，从古至今，为世人留下美好想象。

新昌下岩贝村的观景台

与大佛的命中之缘

新昌建县于五代后梁开平二年(908)，唐后从剡县划出成新昌县(五代十国之前属剡县)，距今已有1100多年历史。白居易《沃洲山禅院记》曾记载东晋王朝时十八名士、十八高僧在剡或隐或游，剡地佛学盛行，般若六家七宗剡有其五的盛况。

新昌的佛缘开启于这一时期，高僧开山立学，众多寺院相继建成，如元化寺(今千佛禅院前身)，栖光寺，以及石城寺，也就是大佛寺。如今寺院、佛像等遗迹均位于大佛寺风景名胜区内，景区地处新昌县城西南，隐秀于车水马龙之间。

游人与新昌结缘，多半是因为仰慕江南第一大佛之名。江南第一大佛是一尊石弥勒像，历经1600年仍庄严巍峨。它镌造于南朝齐梁年间(486—516)，僧护、僧俶、僧佑三代僧人相继雕凿于悬崖绝壁中，历时三十年建成，世称"三生圣迹"。

佛像有许多神奇之处，比如头、身、脚的实际比例是1∶1∶1，在透视现象下，参拜者仰视见到的大佛刚好比例匀称。眼睛是镂空的，这样不论从哪个角度观察大佛，都会感觉大佛正在注视着你。

大佛对新昌有特殊的意义，新昌人坚信因为大佛的庇佑，这方土地享有长足的幸福安康。这一观点，从新昌的城市发展来看确有几分道理。新昌的经济命脉——茶叶，与佛文化有着不解之缘。这一切的源起与发展，好似命中注定。

大佛寺风景名胜区

与茶叶的共生之缘

僧人爱茶，自然用心种茶制茶，新昌佛茶文化源远流长，自东晋伊始，于隋唐兴盛。

东晋时期，支遁高僧倡导禅茶一味，被奉为禅茶之祖。隋唐时期，李白、杜甫等著名诗人入剡壮游，品茗吟诗。茶圣陆羽、才女李冶、茶僧皎然，相继入剡，考察咏茶。剡茶声，唐更著，从而奠定了新昌茶道文化发源地的重要地位。

佛茶文化的发展提高了新昌茶叶的知名度，而新昌茶叶之盛名，在乎文化更在乎品质。

新昌地处四明、天台、会稽三山交汇之处，山高雾浓，气候温和，雨量充沛，土地肥沃，丘陵山区多玄武岩台地及略带酸性的红黄土壤，适宜种茶，自古即为产茶名区，盛产茶叶以"日铸茶"

"平水茶"相称。

康熙年间（公元 1662—1722 年），新昌主产珠茶，以"贡熙"为茶名，远销外洋，为中国最早出口名茶之一，被誉为"绿色珍珠"。彼时的新昌县，是全国重点产茶县和三大出口珠茶基地县之一，茶叶是新昌发展的"金叶子"。

上世纪 80 年代，珠茶出口受阻，效益下降，新昌开始试制名茶，并于 1984 年试制成功"望海云雾"。适逢龙井茶效益高，新昌茶叶开始探索"圆"改"扁"发展之路。自此以后，新昌与茶叶的共生发展达到了前所未有的高度。

与龙井的不解之缘

　　1986年，新昌从杭州请来师傅传授龙井炒制技术。新昌炒制龙井在杭州试销，售价高珠茶几十倍。茶农纷纷效仿，龙井炒制悄然兴起。20世纪90年代后，由政府主导从技术上开展推广培训，推动全县茶叶"圆改扁"。新昌炒制龙井统一于"大佛龙井"品牌，由政府培育，统一管理。

新昌县内的中国茶市, 全国最大的龙井茶交易市场

自此以后, 大佛龙井仿佛一匹黑马, 赫然出现在全国人民的视野里。县政府主动走上前台卖力吆喝, 开展以借势、借时、借题、借力为内涵的茶文化主题营销。自 2006 年起, 坚持每年举办一届大佛龙井茶文化节; 与老舍茶馆开展合作, 以及来到奥运场馆建设者身边, 给他们送去清凉等等, 不一而足。

因为大佛龙井, 更多人认识新昌、关注新昌。大佛龙井自诞生后, 就与新昌人结下了不解之缘。人与茶的缘分, 蕴藏在一杯杯好茶之中, 如今, 它正通过热闹的茶市, 传至千家万户。

《小石潭记》中的

"水尤清冽"何处寻?

文/陈珞

———————

　　我们碌碌工作终日，行色匆匆间，囿于车马喧嚣而却深陷其中，无尽的只有日复一日的水泥森林和烟霾。于是，对脚踏山林落木的窸窣声与清波荡漾的河湖，会愈发怀念。3月4日，阳光正好微风不躁。受开化县政府所托，芒种团队启程前往浙江省衢州市开化县，就钱江源区域公用品牌展开为期五天的实地调研。记忆深处，上学时所读的课文《小石潭记》中所述的"伐竹取道，下见小潭，水尤清冽"，这一场景随着我们一路访山问水,惊喜地得到了复原。

开化县何田乡

纵使岁月流逝，清澈亘古不变

　　绿树村边合，青山郭外斜，大巴接连穿过好几个山洞后靠站而停，我们走入了充满市井生活气息的小城街道。环顾四周，探索并感受这里的人文风貌，不料被下车瞬间扑面而来的清风打断了思绪，这里的空气是甜的。

当我们走入何田人家（开化县何田乡），房前屋后溪泉流淌，小石子清晰可见，《小石潭记》中的画面又浮上脑海："潭中鱼可百许头，皆若空游无所依，日光下澈，影布石上。"何田家家户户都有鱼塘，从明代开始就以石块砌成四方水池，引进溪涧山泉，并投以新鲜青草。冷泉淌过花岗岩顺势而下，一进一出间，古法养鱼在这里延续了六百多年，一反贤者所言，我们似乎踏入了同一条河流，清澈照旧。

穿行到了开化县古老的孝思堂，这个祠堂建筑延续了百年的江南景致，廊腰缦回，黝黑檐角上挂满了水滴，抬头即是四方而深远的天空，这空间的对比，青黛瓦砾与白净天空的对比，让悠悠细雨在天光之中像极了阵阵白烟。

不过，这里还有另一种烟与气味，是豆香与熏制豆腐干的香。一块马金豆腐干在这里发酵制藏，外表黄灿带些许灰黑，中间是乳白的豆腐瓤。它以最传统的豆腐工艺区别着市面上的普通豆腐，一口下去，唇齿间感受到这古朴的外表下所藏着的一股浓郁豆子香。村里也为这不凡的豆腐干注册了商标"孝思堂"，提供给村民免费使用，并为其制作豆腐干礼盒，通过大户带动更多农户参与马金豆腐的产业发展，让这豆香代代相传。

何田人家

熏制豆腐干

仙境般的山林

结庐在仙境，而无车马喧

　　地球上有这么一条神奇的纬线——北纬30°，孕育了世界四大文明古国，收藏着众多自然之谜和文化遗迹。在中国的这条纬线上，与其他多数国家不同，黄沙褪去，绿意渐浓，亚热带常绿阔叶林密布，林深而静，物奇而丰，钱江源正位于此。

　　夏季，从太平洋吹来的湿暖气流经过皖浙交界——白际山脉，被群山阻挡，形成充沛降水。冬季，西伯利亚冷空气南下同样遇上了山脉的格挡，佑护这里不受寒侵。四季如春，温和宜人，自然之母膏泽此地。

　　在钱江源国家森林公园和古田山自然保护区内，林茂如海，野生动物自由生长，万千物种繁荣昌盛。"锦鳞在水，鲜果在林，珍禽在天，奇兽在山"是此地真实的写照。

　　这里也是浙江省十佳避暑胜地之一，又是标准的中国天然氧吧，在都市遭受雾霾侵袭时，此处依然空气清新，这自然的福祉自是源于无人打扰的深山密林。每一次呼吸，都能感受到湿润而毫不黏腻的清新空气。每逢夏季，有不少老人来到这里避暑小居，他们出租自己的房子，面对山水侃侃人生。

根雕塑历史，古韵传千载

开化不大，而其文化的成就却能容纳万千，尤其是辉煌的根雕艺术几近塑造了一个新的文化世界。

"世界根雕在中国、中国根雕看开化。"这句响亮口号的背后离不开一个人——徐谷青。他技艺高超，且善于在根艺文化中结缘佛文化。路边不起眼的枯老树根，经他一手雕琢，便成为了栩栩如生的根雕作品，似是又焕发了蓬勃的生机。他是浙江省非物质文化遗产——开化根雕代表性传承人，一级民间工艺美术家，在与树根无言的交流中，创造了一个又一个惟妙惟肖的作品。

开化的小县城里，如今有着国内规模最大、工艺水平最高、根文化为主题的根宫佛国文化旅游区，被誉为世界文化新遗产。从大尊佛像到五百罗汉，从成语典故到神话故事，其陈列的根艺塑像作品几乎讲述了人类历史文化的长河，尽显神秘佛界和人生百态，堪称一部根艺美术的四库全书，徐谷青亲手打造的"根雕王国"也藏于其中。在近年的大力发展下，开化如今已是全国闻名的中国根雕艺术之乡。

人们踩着高跷，走过岁月斑驳的古街，腰间套着五色竹马——遍布徽派建筑的霞山古村，正在讲述着精彩的人文故事。相传明代成化年间，严州淳安的官员商辂与霞山郑旦公义结金兰，在其带领下创作出了这段霞山高跷竹马舞。如今每年农历正月二十二日，还会有人身穿戏曲行头，套上五色竹马，踩着一米多高的木制踩脚，用高跷竹马舞的方式庆祝霞山村灯日。

开化是一个民间艺术宝库，除了霞山高跷竹马，还有跳马灯、"笑头和尚"、

目莲戏、三角戏、婺剧等多样舞蹈戏曲剧。苏庄的香火草龙还是国家级非物质文化遗产，被列入浙江省传统节日保护基地。

浓厚的文化气息是开化另一付瑰丽面目，这些闻所未闻而又充满新奇感的民间艺术，延传至今。山林里的云烟，市井中的灯火，交织成了一个古色古香的开化。

万般风情与风景，源于一脉钱江源

开化一行，我们见证了开化自然景观的秀丽出奇与人文风俗的独一无二。而这里的一切，都源自一条溪流。它位于开化县的齐溪镇，是浙、皖、赣三省交接的地方；它是浙江母亲河的源头，滋养着流域内的人们，原全国人大常委会委员长乔石同志曾为它题写了字碑，静谧地坐落在清涧之上。

我们随它顺流而下，流过山川与人家，遇见了塘里的清水鱼、大自然润泽的高山龙顶茶、开化人的各色美味与各样风俗……熙熙攘攘间，它一路流过整个浙江。所谓一脉汩汩清水，开化途经万物。

我们庆幸游历过开化这一诠释"古色古香"的人间仙境。而这里的"古色古香"，正是意味着人类对大自然尚无干扰。我们能见到秀丽的山川湖海，能尝到清水所恩泽的食物，也许正是因为对"源"的保护。

底蕴

CULTURE

历经千年

山西的故事又将如何延续？

文/池佳敏

———————

　　山西地势奇特，地处黄河以东、太行山之西，其中间为盆地，东西侧为山，故而有"表里山河"之称。带着对这片苍茫大地的无限向往，我们自杭州出发，直飞太原，期待一感表里山河的独特气韵，一览三晋之地的文物古迹。

　　飞机缓缓降落的间隙，透过狭小的机舱窗向外望去，霓虹所形成的光晕绚丽夺目，城市街道横平竖直，犹如经历了工匠大刀阔斧的改造，带着直冲云霄的宏伟气势。长期身处南方，素日所见皆是蜿蜒曲折、纵横交错的城市道路，初见山西，便已感到此地大有不同。

神农炎帝溯源百草

　　若想探寻山西数千年故事的源头，必然要属高平的羊头山，这也是我们行程的首站。上古时期，神农炎帝在高平羊头山制耒耜、种五谷、尝百草，带领百姓由游猎走向农业，由蒙昧走向苏醒。华夏大地上的文明之火正式点燃，神农也被尊为华夏人文始祖，受炎黄子孙敬仰。

　　泱泱历史，因一种精神而铭记。辉煌遗迹，因一席朝圣而瞩目。千百年来，巍巍的炎帝陵庙屹立于羊头山上，接受无数寻根者的朝拜追忆。一下车，我们就被陵庙庄严肃穆的气势震慑，纷纷收敛交谈。陵区坐北朝南，整体位于四重台地之上。拾级而上，向台地正中的主殿走去，只见边上的圆石柱皆以二十四节气为划分，目之所及龙旗随风飘扬，千年陵庙的厚重气韵扑面而来。

年湮代远的原因，炎帝的确切样貌已无处可考。各地古建寺庙中的炎帝相貌各异，有慈祥的医者、有威武的大帝，甚至还有牛首人身的形象……与他们相比，羊头山所塑的炎帝圣象更为独特。在身份上，圣像设定为一名慈祥的医者，左手持一束稻穗，右手拿两朵灵芝，脚边摆放有装满药草的竹筐，与其他地方差异不大。然而，仔细观察便会发现，唯有这里的神农塑像是面目通黑的。这是山西百姓为铭记神农拯救万民，亲尝百草中毒的事迹，在建造圣像时的特别设计。

古迹文明传承相依

东依太行，西靠吕梁，黄河水奔腾而过，流淌出华夏五千年文明。有"表里山河"美称的古老山西，孕育丰富药材的同时，也尽心呵护文物古迹。干燥的气候似乎是"有意为之"，保护传统木质建筑不易侵蚀，让历史文明穿越千年，惊艳世人。

地下文物看陕西，地上文物看山西。作为华夏文明摇篮的山西，文物众多，于晋北而言，随处可见边塞文化印记，主要集中在北魏时期。彼时鲜卑族掌握政权，道武帝拓跋珪迁都平城（今山西大同市），大量现存的文物古迹均诞生于北魏，如著名的云冈石窟、悬空寺等。悬空寺位于大同市浑源县，远远看去，它更像一幅峭壁上的立体木雕画。寺庙底部只有几根木柱支撑，真正的受力点隐藏在崖壁内部。看上去岌岌可危，但已稳固走过千年岁月，傲然展示古建筑蕴藏的无穷智慧。

山西境内逛逛，几个转身就能走遍中国古建筑发展的历史长河。无钉无铆的应县木塔，唐代创建的代州文庙，每一件都是珍宝。站在代州文庙门前，看见斑驳的印记，就能深刻感受到它曾走过的星河岁月。走进正殿，孔雀蓝的琉璃瓦在阳光下散发光芒，仿若一个文静的姑娘。屋檐下的斗拱是一种更为低调的美，它被阳光藏起来了，细细品味，才能感受艺术的魅力。

山西悬空寺

代州文庙

关公晋商往昔风采

　　文物古迹能带领我们跨越千年，窥见历史文明。而在山西，文明的信使不仅静立在黄土之上，更跋涉于山川之中，他们便是扬名中外的晋商。

　　早在宋朝，凭借表里山河的地域优势，晋商已在全国市场初露头角，他们在边境设立马市，以布帛、茶叶、药材等财物与少数民族换取优良马匹赚取利益。明清时期，晋商生意极度兴隆，所售卖的商品甚至能远销海外，一句"纵横欧亚九千里，称雄商界五百年"形容的便是彼时晋商的繁盛状态，这也是晋商发展最鼎盛的时期。有盛便有衰，这是一切事物所无法违背的自然规律。在称雄商界长达五个世纪后，晋商所依赖的交通方式和贸易路线改变，山西的地理区位优势逐渐丧失，晚清时期政府的腐败无能与列强的频繁侵扰，更是为晋商的衰败按下"加速器"，烜赫一时的晋商也逐渐隐匿于历史之中，再难延续昔日的盛名。

　　关公一生行事五德兼备、义薄云天，从千里寻兄之行到华容释曹之举，都无愧于忠义的典范。晋商尊其为庇护神和精神偶像，所到之处皆以会馆为载体建造关帝庙，巅峰时期的山西关帝庙多达三万座。尽管晋商的辉煌岁月宣告结束，但在山西境内随处走走，仍能看到不少晋商大院、武圣关公庙，他们静静屹立于厚土黄河之上，向每个过往的路人展示着曾经的故事，晋商的故事。

药茶悠香飘向远方

山西药茶的发明，来源于晋农的生活智慧。他们发现，野生中药材不仅能以根茎入药，用其叶片制茶，同样具备一定的药用功效。例如黄芪、枸杞、酸枣等芽叶泡茶饮用，能够帮助增强免疫、改善睡眠。不同的药材，也有着不同的制作手法。花蕾叶芽类制茶，取其性而存其味，果实种子类炮制入茶，取其性而化其味，根茎皮质类提取入茶，取其性而祛其味等。

连翘茶

在诸多的药茶中，连翘茶就是一款工艺极具特色的产品。连翘茶制作工艺历史悠久，制作工艺十分繁琐，采用"九蒸九晒"的方式，要经过 7~9 次的反复蒸制、晾晒、揉搓，直至最后一次的晒干后才算制成，口感清新芳香、滋味醇和甘美，极具养生保健之功能。

说起口感的珍稀，当属山西吕梁所产的枣芽茶。枣芽茶的枣芽要求极为苛刻，一旦枣芽生长所在的环境有点滴污染，炒制出的枣芽茶就会发黑，如同一个天然的环境监测仪，故而，优质的枣芽茶极为珍稀，有着"红枣好找，枣芽难寻"的说法。

枣芽茶

毛建茶

有一款毛建茶也极令人难忘。此茶由管涔山脉野生的毛建草制成，是一种全发酵茶，保存时间越长，口感越香醇、品质越好。因毛建草的独特药用价值，附近老百姓自古就有将其制茶饮用的习俗，并认为其有健胃消食的优良功效。

近年来山西省大力发展药茶产业，山西药茶，经过多年发展已逐步吸收六大茶系制茶工艺的优点，根据加工原料的不同，对茶工艺的杀青、揉捻、发酵和干燥等方面进行创新，形成了具有山西特色的药茶制作工艺，其产品多达200余种。山西自古盛产药材，全省各地市野生和种植面积均已成规模，又有着晋商经营万里茶道的故事渊源，早已为山西药茶发展提供了良好的基础。

古老文明乘风而来，凝聚在山河之间、古迹之上，历史文脉贯穿古今，编织成晋商佳话、药茶传奇。山西是厚重的，这片土地满是时间的沉淀，俯仰间便可阅华夏五千年。相信厚土之上生长的万千药材，带着底蕴与匠心，也将用属于山西的健康茶道滋养众生。

寻访汉中
敲开汉人老家的大门

文/石正义

———————

汉族是一个恋家的民族，"鸟飞反故乡，狐死必首丘"，从呱呱坠地到落叶归根，不论走多远，我们的灵魂总是牵在家的手里。我是谁？我来自哪儿？要往哪去？哲学三大问题困惑着代代世人，也不断推动着我们对家、对起源的追寻。那么，汉人的老家又在哪里？我们为什么叫汉族？2020年初，芒种团队造访陕西汉中，敲开了汉人老家的大门。

"老家"的故事

在中国版图的地理中心有一条古老的河流，它发源于秦岭南麓，由一条条涓涓细流汇聚成浩浩大河，奔涌向东。其流经之处诞生了距今 120 万年的龙岗寺遗址，孕育了两千多年的"汉"文化。这条比长江黄河还要早几亿年的中国最古老大河就是汉江。汉江东流至汉中始称汉水，汉中也因此而得名。

自华夏民族初现之时，古汉中人民就已经在这片肥沃的土地上耕作繁衍，创造文明。因此地物产丰饶，又正处于秦巴两大山脉之间为交通要塞，汉中自古以来就是兵家必争之地。

公元前 206 年，汉中来了一位不凡的人物，号称赤帝之子，从此改变了中华民族的历史。他便是汉王刘邦，这位刚从鸿门宴上躲过一劫，被迫受封于汉中的乱世诸侯王，偏安一隅，以汉中为根据地，开始励精图治，默默壮大实力，明修栈道，暗度陈仓，最终以弱胜强击败了项羽，赢得楚汉争霸。

一统天下的汉王依然怀念汉中这块发轫之地，特取"天汉"之美意命新王朝为汉。汉朝经"文景之治"到武帝开疆拓土成就"汉武盛世"，以华夏民族为主体的大一统帝国达到了空前的强盛，从此汉文化的主流形态开始形成，"汉"也逐渐代表了这个民族。

从汉朝开始，汉中就与汉族、汉文化种下了不可分割的联系。东汉末年，群雄逐鹿，建安二十四年(219)刘备据汉中，称汉中王。三国时期，汉中亦隶属于蜀汉政权。

汉中勉县有一个诸葛古镇，系为纪念诸葛亮而建。当地最有名的两大标志性古建筑，一个武侯祠，一个武侯墓，均与诸葛亮有关。武侯墓在定军山脚下，一生清廉的诸葛亮至临终仍嘱咐葬礼必须从简，穿平常的衣服，不需要陪葬，墓穴仅能容纳棺木。正因如此，后世感于孔明伟大的人格，更加深了对其的崇拜，原本"因即地势，不起坟垄……莫知墓茔所在"的武侯墓在一代代后人的修缮下，扩建成了一座三院并连的大庙。

汉刘邦做汉王时的宫殿旧址古汉台现为汉中博物馆

勉县武侯祠是唯一一座"官方"武侯祠，即由皇帝下诏拨款修建，有"天下第一武侯祠"之称。《水经注》中曾记载："亮德轨遐迩，勋盖来世，王室之不坏，寔赖斯人，而使百姓巷祭，戎夷野祀，非所以存德念功，追述在昔者也。今若尽顺民心，则黩而无典；建之京师，又逼宗庙，此圣怀所以惟疑也。臣谓宜近其墓，立之沔阳，断其私祀，以崇正礼。"讲的就是习隆、向充上表刘禅修建武侯祠以顺应民心，并特意选址勉县以避开蜀汉宗庙的故事。

刘邦、诸葛亮是两汉三国时期一前一后两颗明星，前一位统一中华、建章立制，为汉朝历史开了个好头；后一个鞠躬尽瘁，死而后已，为这段故事画上了悲壮的结尾。当然，汉中这么一座历史名城，出现过的名人远不止这两位，丝绸之路的开拓者，"第一个睁眼看世界的中国人"张骞，是汉中城固人；伟大的发明家，造纸术的革新者蔡伦，受封于汉中洋县；此外还有张良、韩信、吴玠、吴璘、方孝孺、李自成等，在汉中留下深刻足迹的历史人物不胜枚举。

"老家"的风光

历史名城汉中，文物古迹众多自不用说，古汉台、张良庙、武侯墓、张骞墓、褒斜栈道等历史文化遗存，见证着它几千年来的辉煌历史，而令人惊喜的是其自然生态也保存得非常好。绿色是汉中的底色，尽管是冬天，我们在调研途中仍能看到茂密的植被、涓涓的流水。

汉中北依秦岭，南频巴山，是中国南北气候分界线、江河分水岭，四季分明、气候温润、冬无严寒、夏无酷暑，造就了物种的多样性。汉中境内有汉江、嘉陵江等567条河流，是国家"南水北调"中线工程的水源地。拥有8个国家级自然保护区，3个国家水利风景区，以及多个国家级湿地公园、地质公园、森林公园的汉中，2017年10月被授予了"国家园林城市"称号。

汉中之行，给我们留下深刻印象的是青木川，一座陕西省最西边的古镇。"一脚踏三省、一棵青木树"，青木川山水环绕，风光秀美，同时也是古代重要的交通要塞，商贸的必经之地，众多商旅在此集聚，积淀了丰富的古文化。民国时期，一代枭雄魏辅唐趁乱世在此建立武装，雄踞一隅。因其独特的地理环境、商贸地位以及魏辅唐

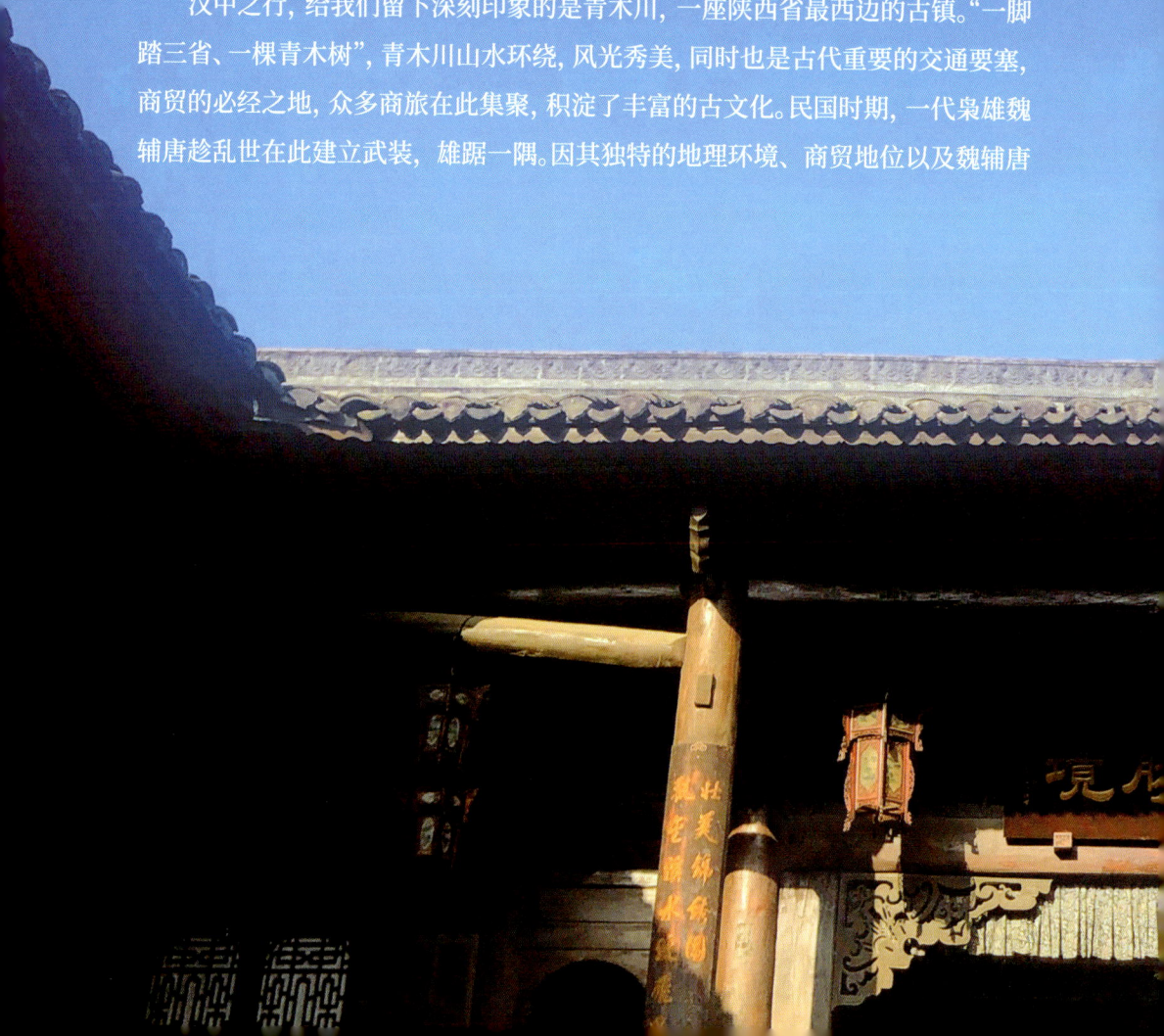

的特殊统治，青木川在乱世中竟一时繁华，留下了宅院、洋行、商户、茶馆、酒店等众多建筑，为后人讲述着那一段传奇故事。

此外，青木川还有秦陇古栈道、摩岩石观音、邓艾将军石、二郎神脚印、石门关、金缸峡以及明、清古建筑群等众多古迹，吸引无数游客前去参观。

除了青木川，汉中著名的景点还有天台山、南湖、油菜花海、黎坪森林公园、兴汉胜境等。得益于纯净优美的自然环境，汉中四宝——朱鹮、大熊猫、金丝猴、羚牛得以在此繁衍生息。

"四宝之首"朱鹮是汉中市鸟，其神态优雅，体形端庄，被称为"东方宝石"，在历史长河中是古老的鸟仙，极具生物学、美学价值。但由于环境、天敌以及自身属性的影响，朱鹮曾一度成为极危物种。为保护这一珍稀物种，政府部门、国内组织甚至国际社会都付出了巨大努力。2020 年 6 月 22 日，《陕西省朱鹮保护成果报告》发布，据不完全统计，全球朱鹮种群数量已由 1981 年发现的 7 只，扩展到现在的 5000 余只，朱鹮受危等级由极危降为濒危。

"老家"的美食

　　到了汉人老家，肯定要尝尝"家乡"的美食。汉中有"汉家发祥地，中华聚宝盆"之美誉，又自古被称为"鱼米之乡""天府之国"，不难想象这秦巴天地间不知蕴藏了多少珍贵美味。敲开老家大门，我们看到席上摆满了诱人的美食：汉中大米、略阳乌鸡、镇巴腊肉、留坝香菇、面皮、菜豆腐、八大碗、百花蜜、核桃馍……

　　汉中人大多以米饭为主食，得益于良好的自然条件和优秀的耕作技术，汉中大米历来都有不小的名气。北方主产粳米，而汉中却主产籼米，因此在这片背靠秦岭的土地上生长出的籼米有着"最北籼米"之称。汉中大米春播秋收，一年单季，生长周期长，气候环境好，品质自然是不赖。此外，汉中的黑米、红米也别具特色，让你尝到不一样的米香味。

比较特色的还有汉中略阳乌鸡。体大、敏捷、觅食能力强、耐粗饲是略阳乌鸡的基本特征，而其最大的特点是乌黑的通体，乌皮、乌腿、乌趾、乌喙、乌羽，称得上真正的乌鸡。除了健壮的体型，略阳乌鸡野性十足，好自由采食野草、虫子等天然饲料，因此成为了极具药用食疗价值的地方特有珍稀家禽。

此番调研，有幸领略到的汉中美食还有菌伞厚实、花纹美观、香气馥郁的留坝香菇；采用"棒棒蜜"古法养殖形式，香甜又富有营养的百花土蜂蜜；传闻曾是当年慈禧避难时的贡品，后流传于民间，入口香酥，咸甜的核桃馍等等，可谓不虚此行。

日月变换，沧海桑田，如今的汉中早已黯淡了刀光剑影。在飞速发展的现代化节奏下，中西部城市相对没落，也无奈褪去了古时的辉煌。但我们在这个地方，汉江的两岸，中国地图的中央，找到了汉文化的起源地，找到了汉人的老家。

人总有一天会离开出生的家，可能会走得很远，远到再也回不去，但都不会忘记自己的故乡。在文化上似乎也是这样，我们翻阅史书，听老人讲故事，用好奇的眼光回顾历史，除了是对过往传奇的心向往之，也是在文化上寻根的一种方式。人类诞生的历史有几百万年，但"汉"人从这里开始。

赤峰
一个"不简单"的地方

文/周叶润、章胭胭

————————

　　多省交汇之处，因着各地人口的流动、多元文化的融合，往往会造就一座"不简单"的城市。内蒙古、河北、辽宁三省交界处的赤峰市，就是这么一座"不简单"的城市。赤峰位居内蒙古大草原与华北平原过渡带，草原的广阔、山川的巍峨，都呈现在这 9 万多平方公里的土地上。

　　走进赤峰，随处可见内蒙味儿、东北味儿、华北味儿，多元文化交织，异彩纷呈。人们爱吃牛羊肉，也钟爱煎饼果子、对夹、炖菜，当地人一开口浓重的东北腔，总让人怀疑这里是个"假的"内蒙古。

　　这座"不简单"的城市，有着不简单的精彩。

草原上的"诗和远方"

赤峰有个别号，叫做"内蒙缩影"，据当地人说来到赤峰，就能满足你对内蒙古大草原的所有想象。我们带着满满的期待，当然也怀着些许怀疑踏上了这片土地。

赤峰人没有吹牛。克什克腾旗的草原，即使已渐入秋，依然诠释了何谓"一川草色青袅袅"，演绎着"长郊草色绿无涯"的故事。

乌兰布统草原，许多人或许没听过这个名字，却早已在荧幕中领略其风采。《还珠格格》《康熙王朝》《绣春刀》等影视大片，都曾在这片草原取景。

乌兰布统草原不是想象中的一马平川，而是略有起伏、与天际相连的草甸，是浑然天成的游乐场。由于靠近大都市，离北京不过300公里，游人如织。夏季，它是人们的避暑胜地，秋季则成为摄影圣地。万山红遍，层林尽染，别有一番风趣。

几天的调研时光，行摄的镜头里看不到几个人，尽是辽阔天地下爽朗的风。

山川间的中原风采

　　诗与远方, 不足以概括赤峰全貌, 除草原风光外, 赤峰还有浓厚的中原味道。两者交融的缘由, 首先得从自然地理说起。

　　赤峰地貌总体呈现"七山一水二分田"的态势, 山水兼备, 稻田点缀。大兴安岭自东北向西南铺开, 燕山自海滨向西延伸, 远古造山运动让它们在赤峰西侧相遇。西拉木伦河与老哈河也在赤峰的东边牵手, 形成西辽河的主源。

　　山川原野之间, 农耕文明应运而生。清朝时期由于靠近都城, 赤峰曾作为中原移民的一大阵地。自然与历史因素的共同作用, 造就了赤峰"草原之中有中原"的独特景致。

　　由草原向远处眺望, 蓝天绿草为幕, 云朵亲吻山川, 道路两旁的谷子低垂着头, 一群群牛羊悠闲漫步……所有的景致粗略一看, 充满天地苍茫的雄浑气势, 但细细品味, 竟也镌刻着江南风光的儒雅秀美。这便是属于赤峰的独特气韵。

　　"草原"与"中原", 这两个截然不同的个体, 在赤峰始终和谐共生。

未到赤峰时，就被这里的契丹文化所吸引。马背上的民族、神鸟海东青、南北面官制度……关于契丹的印象存在于只言片语中，却难有真切的想象。来到赤峰市巴林左旗，我们才真正领略，这个马背上的民族，曾如何波澜壮阔地存在过。

辽上京博物馆，讲述马背上的契丹王朝

巴林左旗现存辽上京遗址，历史上，这是一座繁华的大都市。有趣之处在于，这座城池分为皇城和汉城两部分，皇城是契丹贵族的生活区，汉城则是契丹统治下汉族人的生活区。这种治理方法，被戏称为最早的"一国两制"。

彼时，汉人与契丹人以北太行山、长城为界，汉人人口超过40万户，人口总数远远超过了辽国腹地的10万多户契丹族，成为辽国第一大民族。如何有效管理汉人，成为统治者面临的重大课题。在此背景下，辽国开始了这种"一国两制"的管理模式。

其基本行政框架是"官分南北"，"北面官"统领契丹各族，"南面官"管理汉人事务。如此的政治智慧，让皇城与汉城共荣共生数百年。

我们造访时，遗址正在建设。城内草地依然可以辨出宫殿残垣、城墙断壁以及建筑物底座的痕迹，那些倒塌后依然宏伟的土筑夯墙、台地、密布的勾纹砖布纹瓦，都在向我们诉说着辽代的辉煌。

沿着栈道踏上古城墙，听当地人指点江山，"这儿是皇城，远处是汉城，右边高起的土坡原先是个佛塔……"城墙离地数米，风却格外猛烈，向前眺望，人声、车马声，似乎正从繁华古城奔涌而来。

契丹民族虽永远留在历史，但其光芒仍在赤峰大地闪耀。

长城外的中华文明

赤峰的红山

在内蒙古赤峰市东北郊，有一座名为"乌兰哈达"的山。"乌兰哈达"蒙古语意为"红色的山"，赤峰的城名与鼎鼎有名的红山文化，皆由此而来。

赤峰市博物馆陈列的"天下第一龙"真品收藏于国家博物馆

红山文化距今 6500 年至 5000 年，国内外学者对其十分关注，考古出土了大量新时期时代的陶器、石器、骨器，尤其珍贵的是大量玉器。赤峰的第一大"IP"，就是被称为"中华第一龙"的"C 型玉龙"，它无足、爪、鳞、角，代表了龙的原始形象，其形象已成为了赤峰的城市符号。

学者们也因为这个考古发现，开始打破长城的"藩篱"，向北方去寻找"龙的传人"更古老的祖源。2012 年 5 月，赤峰市敖汉旗兴隆洼镇出土了一尊陶塑人像，它成为我国发现最早、最完整的红山文化整身陶塑人像，被誉为"中华祖神"。

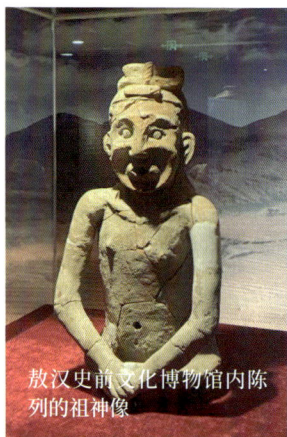
敖汉史前文化博物馆内陈列的祖神像

专家论证，祖神像发源于距今 5300 年前，刻画的是活生生的先祖形象，很可能与祖先崇拜有关，或者就是五千多年前中华民族的共有祖先。对祖神的崇拜与追问，吸引大量国内外学者不远万里造访。

赤峰拥有辉煌灿烂的史前文明，小河西文化、兴隆洼文化、赵宝沟文化、红山文化、小河沿文化……数千年文明不曾断代，留给我们一个长城外的浩瀚中国。

旱地上的勃勃生机

设施成熟的番茄种植基地

　　天地给了赤峰壮美的风光，也给了赤峰农牧业发展的制约。赤峰年平均降水量为 381 毫米，仅为全国年平均降水量的一半。干旱，成了这片土地的"痛点"。

　　在极度缺水的环境里，勤劳勤奋的赤峰人，凭着一腔热忱，硬是开辟出了一条旱作农业发展之路。敖汉镇出土的兴隆沟遗址，被誉为"旱作农业发源地"，遗址内出土的碳化粟（谷子）和黍粒距今已有 8000 年的历史。

　　如果说杂粮是赤峰旱作农业的"天作之禾"，那么设施农业栽培的果蔬，则更像一股"逆境生长"的力量。赤峰市设施农业始于上世纪 80 年代，发展至今已十分成熟，尤以番茄、黄瓜、辣椒等茄果类蔬菜产业为优。

　　除农业外，牧业也是赤峰重要的物产底色。昭乌达肉羊、巴林牛肉、巴林羊肉，几大地标产品呈现赤峰"舌尖上的滋味"。

　　历史把这片土地不断割裂重组，人们却从未迷失，在时间的长河里创造了别样的辉煌。9 万多平方公里的土地上，镌刻着 8000 年历史文化，承载着 400 多万赤峰人的赤诚付出。丰饶的土地，正呈现多姿多彩的风貌，创造出别样的辉煌。

白鹿原的春风

拂红了漫山樱桃

文/章胭胭

一部《白鹿原》，书写渭河平原 50 年变迁的雄奇史诗，字里行间，向世人道尽关中风情。《白鹿原》读者甚广，但鲜为人知的是，文学印象中苍茫荒凉的地方，现实生活里却是四面春风，处处散发蓬勃生机。每逢春日，漫山樱桃点亮山原，别有一番景致。

怀着对文学胜地的风骨追随，对樱桃红颜的日夜思慕，这一站，我们来到西安灞桥。在这里，欣赏自然春风造就的怡人景色，感受发展春风成就的农业新貌。

柳岸春风
润养灞桥文脉

春季从西安出发，向东行驶大约10公里，便是灞桥地界。长安八景之一的"灞柳飞雪"就藏在这里，每年逢春，灞水两岸柳絮纷飞，恰似漫天飞雪。这份柳岸春风诗情，最早可以追溯到唐朝时期。

在古代，灞桥是长安前往中原地区的必经之路，桥边建有驿站，两岸种满柳树，亲友离别时总会"折柳相送"。长安诗人感物伤怀，留下了许多离别诗篇。据了解，全唐诗里，提到"灞桥""灞水"二字的就有百篇之多，最为知名的当属李白所作，"年年柳色，灞陵伤别"。即便到了宋代，诗人陆游也不忘借灞柳抒怀，"东风里，有灞桥烟柳，知我归心。"

文人墨客经年累月的渲染，让灞桥多了一份离别伤怀的内涵，但它最初的建立，却是满溢着王者凯旋的欢庆。春秋时期，秦穆公成就霸业，改滋水为灞水，所修之桥故名灞桥，这也成为了灞桥区名的由来。后经数代变迁，灞桥桥身已不复存在，但这份镌刻的历史文脉，永远跟随着古灞桥遗址斑驳示人。

我们在遗址边，欣赏灞水、灞桥、灞柳三景融合的美，深切感受到，这里既承载了秦穆公成就春秋霸业的豪气，又保留着杨柳岸依依惜别的诗意。

原上春风
吹拂樱桃红颜

二月的春风好似剪刀，裁剪灞上新柳，四月的春风则更像一支画笔，涂抹原上花海。每年逢春，灞桥区漫山樱桃花绚烂，诗画般的动人春景令人大饱眼福。而这樱桃花盛开的地方，正是陈忠实先生笔下的白鹿原。

与小说所言不同的是，如今的白鹿原早已不是黄土荒原。在农业发展建设下，白鹿原四季有果，三季有花，是名副其实的西安城市后花园。原上四季更迭，各显迷人魅力，但对灞桥果农而言，最钟情的还属春季。每年春风如期而至，必然拂红漫山樱桃。

白鹿原樱桃种植的历史，最早可以追溯到西汉，据传樱桃由张骞从西域引进。彼时的樱桃单串颗粒数量多、体积小，但难以成活、价格昂贵，因此被称为"玛瑙"。直到现在，灞桥人依然这样称呼樱桃。但事实上，如今大多数樱桃园里栽种的并非有"玛瑙"美称的中华樱桃，而是果大色艳、更受市场欢迎的大樱桃。

我们走访了几家白鹿原上的大棚樱桃园，只见早大果、美早、红灯、布鲁克斯等不同品种的樱桃早已露出红颜。园子里的果农忙忙碌碌，将新鲜采摘的樱桃装箱发货，匆匆运往全国各地。据果农介绍，光是西安市区就可以解决大部分樱桃的销售，许多外地城市的客户要想品尝，还得提前预定。

红润饱满的樱桃，不仅有令人心醉的容颜，更有温暖人心的力量，她将白鹿原的春景凝聚在一颗颗好果之上，为果农带来幸福收获的同时，也与千家万户分享春天的味道。

农旅春风
装点农村新貌

由于紧邻西安城中心，每年樱桃成熟时，都会有数百万游客从西安涌来，直奔白鹿原品尝新鲜樱桃。能够形成这样的旅游盛况，得益于灞桥区多年以来对农旅融合发展的经营。

自 2004 年起，灞桥区依托樱桃产业的资源优势，开始举办白鹿原樱桃采摘旅游节活动，通过大力宣传，使"樱桃熟了，到灞桥摘樱桃去"成为西安人民五月休闲活动的主题。发展至今，灞桥区白鹿原樱桃文化旅游节、金秋采摘节等已成为西安市乃至陕西省的品牌节庆。特别是白鹿原樱桃文化旅游节，已连续举办十几届，越来越成为具有灞桥特色的经济新增长点。

除白鹿原以外，洪庆山也是灞桥区发展农旅融合的重要阵地。洪庆山是秦岭的重要组成部分，也是西安唯一的"城中山"。由于山地地形破碎，洪庆山的樱桃种植面积仅 5000 余亩。为了将产量有限的樱桃价值最大化，果农通过合作社联合从事樱桃采摘园经营，配套餐饮等农家乐设施，打通农旅资源。

不论是白鹿原还是洪庆山，农旅融合都为农村发展带来了全新气象，漫山的樱桃园与各具特色的农家乐，造福果农生活的同时，也为农村经济带来新的活力。

电商春风
吹进灞桥山原

依托农旅融合举办的樱桃采摘活动，每年吸引大量游客入园的同时，也大大提高了灞桥樱桃在西安消费者心中的认知。游客们采摘品尝樱桃之余，也爱单独购买一些送给各地的亲戚朋友。如此需求之下，电商春风开始吹进灞桥山原。

起初，不同的樱桃园、合作社根据客户需求单独发货，数量少、成本高。近年来，为了帮助果农更高效地销售樱桃，全区开始在云端发力，全面推动电商发展。目前，70%线上销售的樱桃都供应西安本地。未来在外地市场，灞桥樱桃更大的潜力还有待开发。

来到灞桥，是被甜蜜的樱桃吸引，它正如李世民诗中所云般美好，"朱颜含远日，翠色影长津"。作为西安的主城区之一，灞桥既承袭了古老西安的文化底蕴，又散发着白鹿原的地方文化的独特魅力。站在灞桥山原，感受樱桃吹拂的春风，古老文化的记忆在脑海中重重叠叠，眼前的春风，诉说着自然赋予的纯真美好。一抹樱桃之红，尽揽长安春色。

临潼石榴
树上结出的红宝石

文/余新月

———————

　　站在临潼的土地上，总会有时空重叠的交错感，既见得秦始皇陵里千军万马平天下的大国风度，又少不了汉唐盛世的长安气象，古都气质之外也不乏来自蒸馍和水盆羊肉的人间烟火。鲜衣怒马一千年的古老都城之上，曾经的宫墙朱楼、雕栏画栋或许只在历史长河里留下了一些吉光片羽，但这一城的草木花卉却不惧人事更迭，春华秋实，冬枯夏荣，见证了一代又一代人的来去。

　　坐落在骊山北麓的连片石榴林，如今在临潼人辛勤养育下，正结出一颗颗沉甸甸的果实，等到八月十五月正圆的那天，临潼的石榴也会如期而至红了脸庞，捧出一粒粒晶莹饱满的甜蜜，为秋天的丰收添上一笔娇艳的红。应临潼区农业农村局的邀请，为临潼石榴区域公用品牌开展调研工作，芒种团队踏上了这片古老而又鲜活的土地，探寻那江山胜迹背后芳郊遍绿的石榴历史。

一望无际的石榴园

溯源——
西域异果"可以吃的红宝石"

落地临潼的时候恰逢一场小雨淅淅沥沥地敲在人心头，古城在清濛的雨色里显得慈柔而宁静，远处的骊山若隐若现，路两旁的石榴树出落得亭亭如盖，正无声诉说着这座古城曾经的辉煌。据西晋《博物志》记载，"汉张骞出使西域，得涂林安石国石榴种以归"，自从博望侯张骞出使归来在临潼鹦鹉寺种下第一株石榴之后，这种果实奇特花色艳丽的树木就得到了全长安上至皇家下至平民的一众喜爱。

石榴是我国重要的外来果类之一，原产于波斯及印度西北部，我国又称之为安石榴、丹若，关于它的记载最早见于东汉中叶李尤的《德阳殿赋》，赋中说德阳殿的庭院中"蒲桃安若，曼延蒙笼"，那时的石榴还叫"安若"。到了汉末就更多了，曹植的《弃妻》诗中说："石榴植前庭，绿叶摇缥青。"可见这时它已进入寻常百姓家。至晋代，潘岳的《石榴赋》中甚至称之为"天下之奇树，九州之名果"。

最早石榴仅种植在长安附近的上林苑与骊山的华清宫一带，供皇家赏玩，后因其丹实垂垂、榴花艳丽，逐渐成为亲民的果树，自汉起遍植临潼。作为中国第一个石榴产区，临潼石榴可是实打实的有着两千年的种植历史。在如此长的历史岁月里，石榴也在临潼不仅发展出了观赏和食用的功能，还可以酿酒、入药、制盆景等等，品种也千变万化，从果色粉红的净皮甜，到通体洁白的"冰糖石榴"三白甜，果农们掰着手指头数都数不过来，据专家调研统计，临潼石榴品种已多达一百多种。

有着"千房同蒂，千子如一"盛誉的石榴果实，剥开其粉红的外皮，露出它饱满的子房，一颗颗石榴籽儿宛如晶莹剔透的红宝石一样散落，拈一颗入口，甜美的汁水立刻在舌尖四溢。状如宝珠，酸甜多汁，这般可以吃的红宝石，也难怪千里迢迢从西域来的异果，一朝面世，几千年来都令人们爱不释手。

临潼石榴

花事——
石榴裙下，诗意风流

古人赏花，常常将花儿与美人作一双比喻，石榴花红似艳火，花瓣重重叠叠，宛如舞女飞旋的红裙。石榴花是西安市的市花，石榴花的美是跃动的，热烈的，是百花中极致的红，无双的艳。杜牧写石榴花，"一朵佳人玉钗上，只疑烧却翠云鬟"，是怎样的火红艳丽，让人忧心这朵石榴花几乎要烧将了美人的云鬟。白居易再咏"闲折两枝持在手，细看不似人间有。花中此物是西施，芙蓉芍药皆嫫母"，将石榴比作西施，而芙蓉芍药都只能做陪衬，可以想象，西施的美定是骄人的美，榴花的秾艳又是何等的缱绻入骨。

在唐玄宗春寒赐浴的华清池畔，如今还有着一株传说由杨贵妃亲手栽下的石榴树，枝条宛转，花叶繁实，不禁令人遐想，"回眸一笑百媚生，六朝粉黛无颜色"的贵妃娘娘身穿鲜红的罗裙款款而来，"媚眼随娇合，丹唇逐笑分，风卷葡萄带，日照石榴裙"引得众人倾倒，从此"拜倒在石榴裙下"就用来形容美人倾城绝色。历朝历代中榴花咏美人、美人颂榴花的诗词经久不衰，其中当属有唐一代至绝，他们用滚烫的感官描写，肆意的浓墨重彩，来向世人高歌这抹绚烂的鲜红。他们写舞女新歌一曲醉舞回眸是"眉黛夺将萱草色，红裙妒杀石榴花"，偶然路过一株榴花是"可怜此地无车马，颠倒青苔落绛英"，写长安百花盛放之时"唯有安石榴，当轩慰寂寞"，而历史上石榴的种植也是在唐宋二朝最为盛行。

石榴花

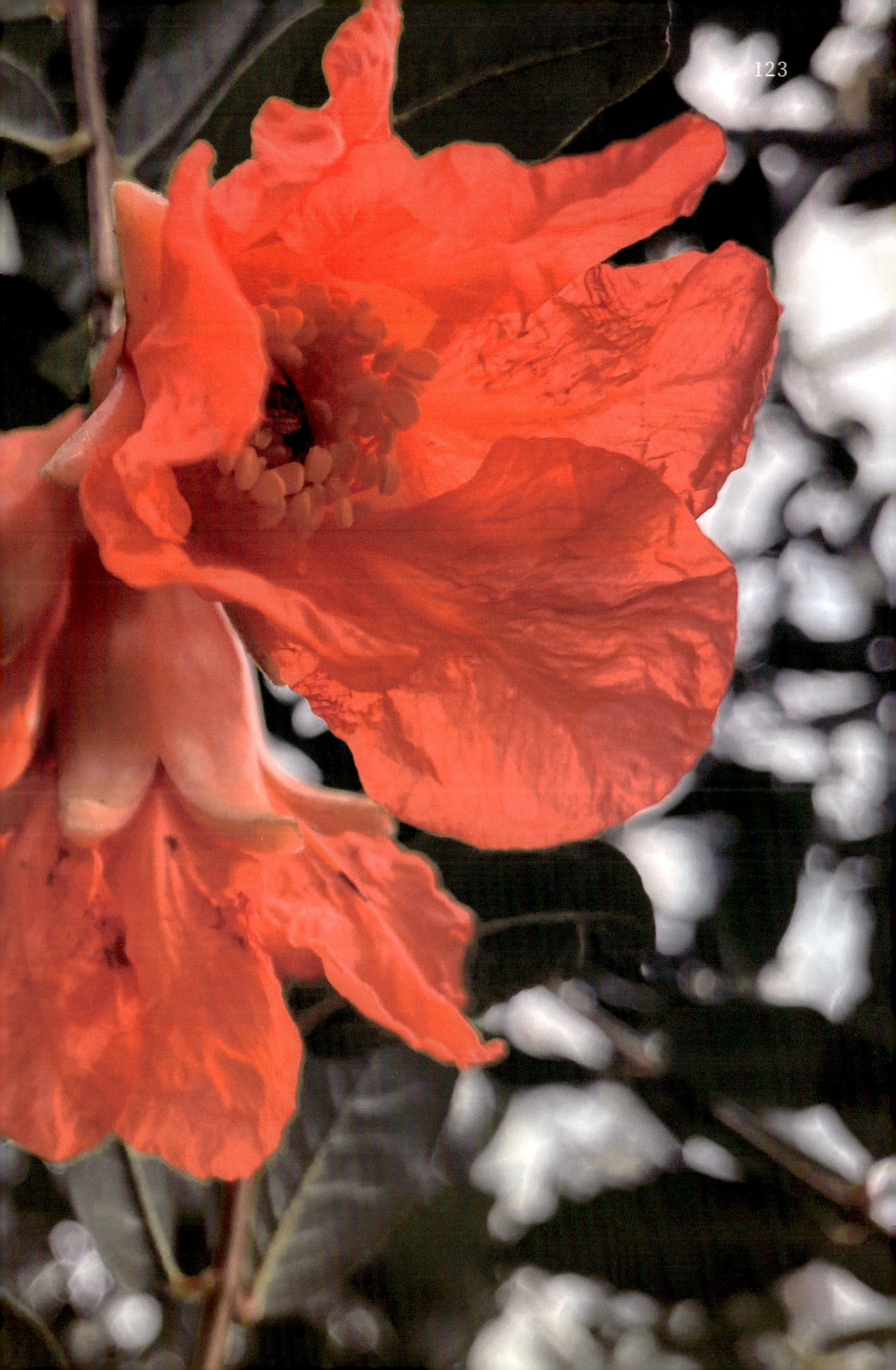

风味——
带酸的甜石榴

石榴是一种淡香型的水果，区别于其他果类的香甜，石榴的风味却是让人惊喜的清甜多汁。"汁水充盈，颗粒饱满，酸酸甜甜"是评价一颗临潼好石榴的最高标准。

石榴树颇娇气，喜光喜温，连绵的阴雨天气就会造成石榴果实的开裂或掉落，在临潼果农的辛勤照顾下，石榴树要避雨、要套袋、要疏花疏果，经过了120天的坐果期之后，才能获得一颗颗外观美丽籽粒饱满的临潼石榴。而临潼海拔高，昼夜温差大，这才造就了临潼石榴独有的酸甜滋味。

说是酸甜，其实石榴含糖度并不低，一颗临潼石榴的糖度均在16~18左右，但酸味则带来了更丰富的口感变化，更绵长细腻，这样的甜才能甜而不腻，清新怡人。

石榴是一年一季的水果，只有在应季的时候才能尝到石榴的滋味，在临潼这块石榴生长了两千年之久的土地上，人们也开始用石榴酿酒，以满足过了石榴应季之后人们对石榴的想念。"石榴酒，葡萄浆。兰桂芳，茱萸香。"从唐代开始，就有酿造石榴酒的记载，石榴酒风味独特，酒香中混合着清新的石榴果味，茶足饭饱宴欢群情时小酌一杯，是临潼人的待客之道。

临潼石榴自汉代引入，以其果色艳丽、果味独特在国内享有盛誉，先后获得全国优质石榴奖、第七届中国国际农产品展销会金奖，2006年获国家地理标志保护产品认证。产区主要分布于骊山北麓的华清池两侧和秦始皇陵一带，种植面积东起马额，经代王、秦陵、骊山，西至斜口，沿骊山长约15公里范围内，面积约四万亩。建有精品石榴观光示范园1万亩、无公害石榴产业基地1万亩、绿色石榴产业基地2万亩，临潼石榴的品牌知名度、种质资源保存数量、栽培和产后处理技术水平、标准化生产程度居国内领先地位。

据统计，全区有近60%的农业人口从事石榴种植，大部分果农因种植石榴而步入小康，种植石榴已成为临潼当地农民增收的一项可持续发展的且不可替代的支柱产业。

我们所熟知的临潼，伫立着秦风浩荡的兵马俑，一曲长恨歌道不尽杨玉环与唐明皇的爱情，拂去历史的风尘，放眼临潼的山水，在这里遍野的石榴林会绽放出娇艳的鲜红，每至金秋就能收获满仓的红石榴果。这抹红，红了临潼，红了长安。相信每一个到访临潼的旅人，无论是辉煌又绚烂的历史风貌，还是红石榴火柿子的甜蜜滋味，都能抵达他们心中要抵达的，看见他们心中想看见的，物事俱迁后仍记得临潼石榴这抹独特的颜色。

石榴果园

豪迈

HEROIC

关于田园牧歌
的一切想象

文/李闯

———————

  1649 年，当乌拉特三公旗奉顺治之命从西拉木伦河西迁的时候，没有人知道他们内心深处的想法，也没有人知道他们一路西迁所经历的种种艰辛和故事。这一去就是四年，直到 1652 年，在阴山山脉南麓安居下来，成为今日的乌拉特前旗、中旗和后旗，奠定今日巴彦淖尔草原文化底色。然而，这并不是巴彦淖尔的全部。

草——风吹草低

  无论从哪个角度看，草原文化始终是巴彦淖尔的底色。看一下巴彦淖尔的行政图，以草原为主要地形的乌拉特三旗加上杭锦后旗占据了区域总面积的绝大部分。广袤的草原就像一个广阔的舞台，在历史的长河中，各游牧民族轮番登场，你来我往，交错互融。匈奴、突厥、鲜卑、女真、蒙古等游牧民族的铁蹄都曾在这片草原上驰骋。时至今日，

　　站在秦长城、汉长城、明长城等遗址前，依然能够遥想当年的金戈铁马。

　　当历史的车轮带着当年的刀光剑影隐隐退去之后，巴彦淖尔的乌拉特草原迎来前所未有的稳定、祥和和安宁，焕发出勃勃生机。勤奋朴实的牧人已经将巴彦淖尔打造成了内蒙古地级市中唯一能够四季均衡出栏的肉羊养殖与加工基地，并通过品种繁育探索，杂交出新的肉羊品种，巴彦淖尔成为"中国肉羊（巴美）之乡"。

　　巴彦淖尔还是中国最大的有机原奶基地，是国内最大的几家牛奶生产企业高端奶产品主要的奶源基地。特别值得一提的是，圣牧高科有机奶业有限公司成功改良沙漠种植牧草，现已建成 23 个沙漠牧场，保有 10 万头奶牛，开发了 22 万亩有机饲草。

　　七八月份的草原是最美的，到处是"风吹草低见牛羊"的画面。如今，放眼望去，半是沙漠，半是草原和谐共生场景，更是别有一幅景致

沙——吹尽狂沙

从巴彦淖尔市府所在地临河区驱车前往磴口县，大约需要一个小时。沿路两侧的沙漠上长满了整齐的梭梭树，一眼望不到边，在通透的阳光下泛着隐隐的绿色。这里就是王爷地苁蓉的种植基地，又一个改良沙漠、改善环境的典型。

每行梭梭树的下面，点缀着三三两两、星星点点的苁蓉花。在我们感叹沙漠之花坚强的生命力的时候，基地负责人给我们揭开了其中的奥秘。原来，苁蓉是必须和梭梭树共生的，是寄生在梭梭树的树根上的。苁蓉的种子只有穿过梭梭树的细根才能发芽，所以，野生的苁蓉完全是一场偶然的邂逅。正是因为这个原因，苁蓉历来是珍稀贡品，极其难得，属濒危种。

据介绍，发芽后的苁蓉一直寄生在梭梭树的根上，生长一千多天，才可以采摘。此后每年都可以采摘，从而实现批量生产，在改良沙漠的同时实现经济效益。

离开基地的时候，望着眼前这片两万亩的梭梭树和苁蓉，不由得赞叹一种生命与另外一种生命相遇的美好。

肉苁蓉树林

山——敕勒川，阴山下

阴山山脉是内蒙古中部一系列山脉的统称，包括狼山、乌拉山、大青山等，绵延一千多公里，南北宽 50 至 100 公里不等。阴山曾是兵家必争之地，逐鹿中原或一统北疆，关键地带都在阴山。"匈奴失阴山之后，过之未尝不哭也。"曾几何时，"但使龙城飞将在，不教胡马度阴山"的家国情怀让人肃然起敬，又心生向往。而今的阴山依旧静静横亘在草原上，诉说的却是"千里画廊"的艺术魅力。

阴山岩画是世界上最大的岩画宝库，分布地域非常广泛，题材极为丰富，时间跨度相当漫长，技艺水平十分精湛，最早可追溯至旧石器时代，是古人创作艺术和文明发达程度的重要表征。

阴山岩画的绝大部分是动物题材，展示了牛、马、羊、虎、飞禽等以及人物的各种各样的姿态。其余是有关祭祀、舞蹈、征战、狩猎以及自然景观和生活场景的画刻。穿越千年，我们依然能够感受到阴山脚下的牛壮羊肥，栩栩如生。

站在苍凉厚重的阴山脚下，无论如何，也想象不到，亿万年前，这里水草丰美，森林成片，曾是各种恐龙生活的乐园。

黄河水利文化博物馆

水——黄河之水

巴彦淖尔，蒙语的意思是"富饶的湖泊"，位于黄河几字弯的左上角，地处黄河冲积平原的北端。黄河，作为中华民族的母亲河，滋养了中原大地，也带给巴彦淖尔河套平原丰沛的水系。

历史上，黄河经常决堤，带给百姓无穷水患，但黄河行至巴彦淖尔，却变得温顺起来。"黄河百害，唯富一套"，即是这里。巴彦淖尔的农耕文明史，同时也是一部黄河水利治理史。在巴彦淖尔黄河水利文化博物馆，巴彦淖尔人2000多年的水利疏通建设画卷徐徐展开，诉说着先人的智慧、艰辛和勤劳。

没有他们，就没有亚洲最大的一首制自流灌溉工程，就没有今日河套遍地的沟渠河网，更不会有这大大小小散落在四处的300多个湖泊。没有他们，在一个年平均降水量两百多毫米、蒸发两千多毫米的干旱地区，何来万亩良田、花果飘香、鲤鱼满塘？

食——饭之美者

有了水，干旱的黄河冲积平原便焕发出勃勃生机。巴彦淖尔河套地区，自古就是富庶之地，历史上各民族在此交汇融合。晚清开始，浩浩荡荡的走西口目的地就在此地。

《吕氏春秋》记载："饭之美者，玄山之禾，不周之粟，阳山之穄。"阳山即今日之阴山，穄米即是当时的主要粮食之一。时至今日，河套仍然是世界上最优质的小麦产区之一，在蛋白质、面筋质等五项指标上堪称全能冠军。有了它，才有了全国知名的西北名吃"莜面"，更不用说河套雪花粉了。

巴彦淖尔的美食自然是少不了手抓羊肉的。坐在蒙古包内，喝着奶茶，吃手抓羊肉已经成了一种标配。如果你有兴致，可以再来一点河套酒。微醺之时，走出蒙古包，看看天高云阔，望望苍穹星辰，环顾四周亘古不变的山川或点缀在山野间的闲适慵懒的牛羊，大概会有一种宠辱皆忘的别样豁达涌上心头。

标配之外，还有更多探索的可能，比如华莱士蜜瓜、瓜子、黄河鲤鱼、地道焖面、河套番茄等等。说起小小的一枚瓜子，大概很多人还不知道，巴彦淖尔种植了384万亩的向日葵，是国内最大的向日葵生产加工基地。全国最好的 20

多家瓜子生产企业在这里建设了加工厂，源源不断地将这里的瓜子销往世界各地。

向日葵基地

尾声

调研结束，巴彦淖尔人以特有的方式送别我们。热情、真诚、载歌载舞、依依惜别、大碗喝酒、大块吃肉，古老的民风扑面而来，在《鸿雁》悠扬婉转的歌声里，一个民族正从遥远的呼伦贝尔隐隐走来，她不再忧伤，草原上到处飘荡着她爽朗的欢笑声。

此刻，朗月当空，清风拂面，竟不知身在何处。

来锡林郭勒盟吃羊肉

是什么滋味？

文/茅嘉豪

初会：
从惊吓到惊喜

与锡林郭勒的初会可算不得"友好"。

刚过冬至，草原上的风雪已持续了好些日子。城市内外裹着银装，马路上是压实的冰面，空气中是涌动的北风，往来行人和车辆都温吞吞地挪着前行，稍有不慎就得在冰面上打转儿。调研团队跨越近两千公里从杭州来到锡盟，甫一踏出飞机舱门，便感受到了冬日草原的"下马威"，冰寒的气息从四面八方漫卷而来，直往衣袖领口里面钻，把人冻得直哆嗦。仲冬时分的锡林郭勒，大自然已逐渐显露出不近人情的一面。

　　不过，这份冷酷中尚留有几分温情，草原早早为人们备下了过冬的秘方——锡林郭勒羊。在锡林郭勒，羊肉是御寒暖身的重要食材，更是犒劳口舌的日常美味。也不消什么名厨大家，只要备上一锅清水、两撮精盐，取来片好的羊肉下锅涮煮即可。待羊肉色泽从鲜红渐变至淡白，自然鲜香伴随着氤氲的水汽四溢开来，便是绝佳的品尝时机。羊肉入口是细嫩坚密的饱满口感，韧性十足的肌纤在与牙齿的交锋中，充分碰撞出肉的多汁味美。少许精盐调味，丰富了羊肉的味觉层次，又不显喧宾夺主，倒让羊的鲜味愈发凸显。

　　兴许是源自长期和风雪"缠斗"的智慧，锡盟人深谙最适合草原的待客之道。尚还慑于风雪威力的调研团队，出了机场就在司机师傅的强烈推荐下，品尝了这么一顿地地道道的锡林郭勒涮羊肉。餐毕离席，口中犹有绵长回味，浑身被暖意与幸福感重重包裹。这样的时刻，严寒又算得了什么！

　　一顿涮羊肉，让调研团队对锡林郭勒好感倍增，连这风雪也变得可爱起来。次日启程，在草原里穿梭寻访锡林郭勒羊，途中大风扬起路畔白雪，化作缕缕轻烟薄雾在路面上流淌而过，恍然间竟有马踏飞燕、舟行云端之感，而我们就像闯入画境的烟尘客，在惊喜与憧憬中敲开了主人家的门扉。

相识：
从传说到传奇

还没到锡林郭勒的时候，锡林郭勒羊的名声早已如雷贯耳。

餐饮老字号"东来顺"以锡林郭勒羊肉为指定羊肉，百余年来不曾改变；中国烹饪协会火锅委员会把锡林郭勒羊肉评为"中国火锅好食材"；元朝开始，锡林郭勒羊就是皇家御用的食材来源，现在更是成为中东贵族青睐的美味和沙特王室的特供品，人民大会堂招待伊斯兰国家外宾的专用羊肉……锡林郭勒羊在行业内外都满载盛誉，可以说是草原上不可错过的经典食材。

锡林郭勒羊属蒙古羊品种，2000多年前其祖先就已经活跃在蒙古草原，是草原人自古认定的优秀羊种。伴随着部落迁徙和自然选育，这批来自蒙古草原的羊群最终扎根锡林郭勒草原，并演化出苏尼特羊、乌珠穆沁羊和察哈尔羊等不同种群。

如今，生活在锡林郭勒草原上的同源羊种共同组成了锡林郭勒羊，并已经通过国家商标局核准，注册为地理标志证明商标，代表着锡林郭勒草原上的优秀羊种。

锡林郭勒草原作为世界四大草原之一，境内有全国唯一被纳入世界生物圈保护区网络成员的草原自然保护区，是我国草原类型复杂、保存较为完好、生物多样性丰富、在温带草原中具有代表性和典型性的草原。锡林郭勒草原水草丰美、植被丰富，有426种药用植物、116种牧草，东北部的乌珠穆沁盆地更是河网密布、水源充沛，为锡林郭勒羊的生长繁育提供了得天独厚的自然环境。

生长在天然牧草下的锡林郭勒羊群

　　得益于此，锡林郭勒的牧民们保持着传承已久的牧养习惯，在天然草场上放牧锡林郭勒羊，让它们每天都无拘无束地生活在草原上，感受着草原上的光与风，咀嚼着带有泥土芬芳的新鲜牧草。为保障草场生态平衡和羊群牧草充足，平均 20 亩草场每年才能养育出一只锡林郭勒羊——相当于两个足球场面积的牧草全年都供给了这一只羊。然而，尽管领地广阔，锡林郭勒羊想要吃个爽快也不容易。锡林郭勒羊的牧场并不固定，牧民们会根据时令变化、草原长势而进行牧场的选择，因此锡林郭勒羊往往每日要奔走 10 个小时，才能吃饱喝足返回家中。如是在锡林郭勒草原上自然牧养半年之久，锡林郭勒羊方能获准出栏，成为备受瞩目的草原明星。

大锅蒸煮 还原天然羊肉滋味

结缘：
从舌尖到心尖

贪嘴的食客们都知道吃羊要选锡林郭勒，而真正的老饕则有更为细致的赏味追求。锡林郭勒羊在草原上自然牧养，其风味也会随着区域环境的不同而形成微妙的差异。从苏尼特羊到乌珠穆沁羊，再到察哈尔羊，其羊肉的肥瘦比例次第升高，品质上当然都是一等一的好羊肉，但风味上却是各擅胜场。哪个羊种、哪个部位，适合什么样的菜式、什么样的火候，个中玄妙除了挑剔的美食家们，还数锡林郭勒的牧民们最能说道。

昔日成吉思汗统一蒙古诸部，就曾在锡林郭勒草原之上征战，此后忽必烈继承汗位，更在锡林郭勒草原修筑了举世闻名的元上都。锡林郭勒草原是成吉思汗及其子孙走向世界的舞台，锡林郭勒盟也因此成为蒙元文化的重要起源地、草原文化的核心传承地。这片土地上的人们自古生活在草原上，传承着久远的草原文化，有数千年的养羊、吃羊的传统，是对羊最有发言权的群体之一。

既然到了锡林郭勒，那就少不得去牧民家叨扰一番。调研团队有幸受到牧民的热情款待，感受到了老饕级别的蒙古晚宴。草原人的晚宴由白食和红食两部分组成，白食指的是乳制品，红食指的是肉类食品。白食被草原人视为敬客食品，作为进餐的前奏，以奶茶和酸奶分别搭配上奶豆腐、炸馓子、炒米等配料点心，奶香浓郁、滋味充盈；红食则是晚宴的主菜，主人家挑选出膘肥肉嫩的羊，就地宰杀，入锅烹煮成手把肉。

手把肉的制作可谓是"细中有粗"，从选羊到宰杀都有精细的讲究，而烹饪

奶豆腐

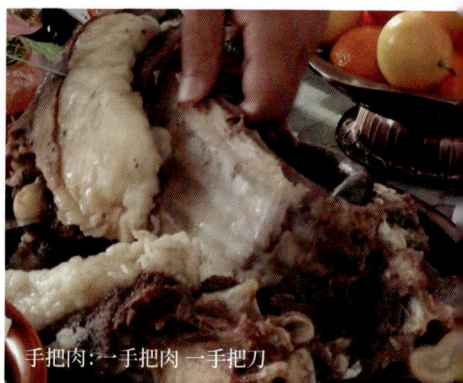
手把肉：一手把肉 一手把刀

的过程却是粗放的大锅蒸煮，为宾客忠实地呈现出最天然的羊肉滋味。待到品尝时，主人家则会悉心教学，一手把肉，一手持刀，割、挖、剔、片，不浪费一点羊肉精华。和涮羊肉不同，手把肉更大程度地保留了羊肉的鲜活，细细咀嚼还能品味到些许乳香，与白食滋味形成巧妙呼应。

美食还需佳酿配，蒙古晚宴上好酒总是不会缺席。我们尚还沉浸在手把肉的美妙滋味里，主人家已唱起《鸿雁》，为客人们斟满了美酒。锡林郭勒人生于草原、长于草原，有着草原般的热情豪迈、不拘小节。同处一席，长幼尊卑的世俗规矩便尽皆消弭，人与人间也全无隔阂，只像是知交好友在促膝长谈。受到锡盟人性格的感染，调研团队竟也不自量力开怀畅饮了起来。酒正酣时，推开毡门起身四望，只见草原苍茫，星月相照，夜色笼罩大地，广阔的天幕下惟身后的蒙古包里尚有喧声。此情此景，不若当下，不似眼前，倒像是心里面藏了很久的画面。

匆匆几日，总有归时。完成了在锡林郭勒的调研工作，即便再是不舍，调研团队也要返程回家。在草原上发生的故事已经伴随着羊肉的滋味深入心中，草原的风土难以带走，但锡林郭勒羊的美味可以随行。草原很远又很近，在几千公里以外的远方，也在咫尺可及的羊肉滋味里。

在锡林郭勒吃奶酪
感受从未体验过的奇妙

文/章胭胭

————————

　　苍茫天地、万物生息，从东方拂来的璀璨光芒，日复一日，越过山脉、森林、草原、湖泊，滋养出生生不息、百态自然。在我国北方，纵跨 16 个纬度，横越 29 个经度的狭长地带，118.3 万平方公里的土地上，牛羊成群、骏马奔腾、奇珍藏林、鲜鱼卧水，人们在似水流年中，接受着自然的洗礼，也体味着人间至味的一方乾坤。

　　这里，便是有滋有味的内蒙古。

最近一年，芒种团队成了内蒙古大草原的常客。从江南水乡乘风而来的南方人，在这万顷绿野感受天地的辽阔。东至大兴安岭，西至河套腹地，每一方土地，长留一份记忆，也蕴藏一片风味。

时隔一年，再次来到辽阔草原锡林郭勒，不为牛羊、不为骏马，而是寻找一份古老而新鲜的奇妙滋味。它就像熟悉又陌生的朋友，传承最古老的虔诚信仰，创新最奇妙的别致风味。它们变化万千，却共同拥有一个名字——锡林郭勒奶酪。

奶酪在大多数消费者的认知里是西方的产品，在80、90后的记忆里，是动画片《猫和老鼠》捕鼠器上的诱饵。锡林郭勒奶酪完全刷新了我们的认知，它诞生于内蒙古大草原，是流传千年的蒙古传统奶食，圣洁、纯净，被奉为纯洁、高尚的食品，尊称为"白食"。

奶酪几乎是牛奶加工的最高形态。对游牧民族来说，牛奶的重要性不言而喻。它是人类最古老的天然食材之一，游牧民族重要的蛋白质来源。牛奶虽好，但鲜奶久置容易腐坏，如何巧妙加工，既便于保存，又能美味适口，要靠草原人民传承千百年的记忆。锡林郭勒奶酪的起源，正是出于远行的游牧人对奶食的眷恋。

蒙古族一直有"逐水草而居"的游牧生活习惯，身处高寒地区，决定了他们需要摄入奶制品这样的高热量食品来抵御严寒。奶制品中，浩乳德（又称奶豆腐、蒙古奶酪）因为具有不受地点限制、发酵工艺和制作工艺简便、自然条件下晾干后可以长时间储存等特点，成为了蒙古族迁徙生活、行军打仗的最佳口粮。

马可·波罗在游记中曾描述，成吉思汗的军队，在极其艰苦的条件下，之所以能有征服世界之举，固然与军队训练有素、雄武剽悍有关，也和携带轻巧、滋养的奶渣、奶干作为远征军粮分不开。

当一种味道成为经典，开始流传，也就开启了它的二度创作。如今的锡林郭勒，汇集着制作奶食的专家，她们的手艺师承于长辈，而又高于传统。有意或无意的巧思，令食物一次又一次，完成了量变到质变的升华。朴实的奶豆腐在她们的巧手下，得以再展新姿。

奶片、奶条、图德、毕希拉格、酸酪蛋……不同的形态让食客眼花缭乱；火龙果味、蔓越莓味、猕猴桃味……不同的果香诱惑着味蕾。我们不禁好奇，是怎样的巧手，才能成就这般奇妙的草原风味。

熟奶毕希拉格 ← 加热 — 熟奶

塔日格 — 发酵 → 艾日格 — 煮沸 → 阿尔查 → 阿沁浩乳德

鲜奶 — 煮沸 → 奶皮子 上层

艾日格 → 察嘎 — 蒸馏 → 奶酒

嚼克 ← 奶皮子上层

楚其盖 ← 嚼克 — 提炼 → 黄油

鲜奶 — 凝结/分层 → 凝乳（下层）

鲜奶 — 加热 → 生奶毕希拉格

阿乳勒 ← 加热 — 凝乳 — 加热 → 楚拉

凝乳 — 加热 → 乳清 — 熬制 → 乳清糖

凝乳 — 加热 → 浩乳德

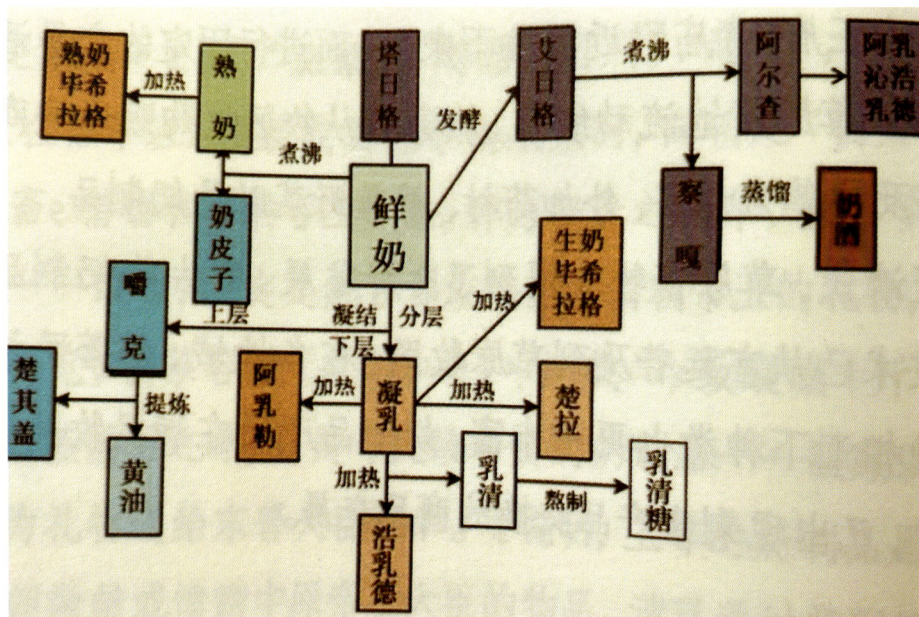

驱车赶往镶黄旗，终于在奶酪小镇找到了答案。锡林郭勒奶酪的秘密，就藏在一家家平凡而温馨的手工坊里。每家手工坊规模都不大，通常是一家人共同经营。

对我们而言，这是相当具有挑战性的一次调研。因为奶酪的制作工艺很复杂，在提炼的不同阶段，可以获得不同的奶制品，多一步、少一步，都会变成截然不同的形态与风味。关于具体的工艺，大致可用上图来进行解释。

可想而知，从牛、羊鲜奶到各种各样的饮品、固体奶食品，层层提炼中贯穿着牧人们辛勤的劳作和精湛的制作技艺。每一份奶酪匠心凝聚的背后，藏着夫妻浪漫的爱情故事，也藏着一家人共同奋斗的梦想。这便是锡林郭勒奶酪赋予万千牧民的生活意义。

走进正蓝旗，我们看到了更多现代化奶制品加工企业，望见了未来锡林郭勒奶酪规模化发展的雏形。在这里，我们成了第一批幸运食客，得以品尝新研发的奶酪产品，由于还未投入市场不便详细阐述。只是不禁感叹，奶酪竟能幻化出如此千变万化的形态。不同风味、不同材料与之融合，都是如此和谐，正如辽阔草原这般包容万千。

从游牧到农耕，从草原到名城，内蒙古人的饮食当中，隐藏着风尘仆仆的生活智慧，和代代相传的处世哲学。或繁或简，身教言传。这份虔诚与信仰，印刻在锡林郭勒人心中，也深刻改变了他们的生活方式。

在款待客人时，他们会先敬献浩乳德（奶豆腐）、乌乳穆（奶皮）、希日陶苏（黄油）等奶制品，表达对客人的尊重和欢迎；每逢佳节，会把各式各样的奶制品装在漂亮的盘子里摆在桌上，以示庆祝；他们还会将自家视为最珍品的奶制品用于祭祀，祈求长生天的保佑……

成群的牦牛、藏羊出现在路边，有刚出生的小牦牛，毛茸茸的一团像个猕猴桃，躲在母牛的肚子下一动不动。偶尔能看到几只野鹿在草地上转头、抬脚、跑几步，仿佛雪原上的精灵。

汽车沿着盘山公路缓缓上山，到达近五千米的高处后又缓缓下山。连绵的雪山、蜿蜒的冰河，如画卷般不断展开，用纯白和庄严洗净我们的眼帘。太阳西斜，即将移到山的另一头，在将落未落之间，太阳光从山顶折跃，射出耀眼的光芒，金色的山尖伫立在雪原之上、蓝天之下，发出神圣的召唤。

从"草原上的领头羊"，再到风味万千的奶酪，锡林郭勒草原带给我们太多的惊喜与难忘。我们是草原风味的探寻者、记录者，也是草原品牌的传播者、共建者。头顶长生天，脚踩大草原，这方土地，太多未知风光等待诉说。

大漠长河 甜蜜瓜果 边塞文化

关于中卫的三重印象

文/石正义、陈莲芙

人们对于西北大漠，总是有着无尽的想象，或奇幻瑰丽，或苍茫辽阔；而对于波澜壮阔、孕育文明的黄河则有着深厚的依恋。千年前，唐代诗人王维以"大漠孤烟直，长河落日圆"描绘了一幅奇特壮丽、开阔雄浑的塞外风光图，令无数后来者心生向往。2020 年的 6 月，芒种团队来到了宁夏中卫，成为了这一幕的见证者。

来自东南沿海的人们可能见惯了大江大海、秀山绿林，却对深藏内陆的沙漠始终抱有一种陌生与好奇。当得知要去沙坡头看腾格里沙漠，整个调研团队顿时多了一份期待与兴奋。

没想到了沙坡头之后我们首先看到的却不是沙漠，而是黄河。"天下黄河富宁夏，首富中卫"，巨大的石刻立于道路中间。眼前浩荡的母亲河从中卫进入宁夏，流经这里的时候呈现的是一种开阔和平静，默默地孕育着这一方干旱的土地。向远处望去，河面上有游客泛着羊皮筏子，桥上有人驻足远望，在阳光的映衬下静得像一幅油画。

我们沿着黄河往前走，直到被一幕陡峭高耸的沙墙拦住，才终于抵达了沙漠的边缘。但若想看见真正的沙漠，却还要借助沙墙上的简易木梯拾级而上登上沙坡头顶。

登上沙坡头的那一刻正好是下午 6 时左右。"大漠孤烟直，长河落日圆"，大诗人王维为这里留下了传世的经典，而此时，千年前的诗境竟如天意般呈现在我们眼前。如今诗人的雕塑就矗立在坡顶，眺望着远处的风景——大漠、黄河、黄土高原自然天成，共同构成了一幅形似中华太极图的 S 形地理图景。

自以为走遍了祖国的大好河山，见多了各地的奇境美景，但在看到沙漠的那一刻内心仍激起了波涛。望着眼前无尽的大漠，脑海中浮现的竟是《城南旧事》中的一首小诗："我们看海去 / 我们看海去 / 蓝色的大海上 / 扬着白色的帆 / 金红的太阳 / 从海上升起来 / 照到海面 / 照到船头 / 我们看海去 / 我们看海去。"沙漠是干枯了的海，它跟东面千里之外的大海一样广阔、神秘、蕴藏着生命奇迹。

瓜地果林中的甜蜜与希望

干旱的沙漠与甜蜜的瓜果，是中卫给我的最深印象。原以为这会是一片荒凉的土地，不说果瓜蔬菜，甚至连庄稼都很难种出。但勤劳智慧的中卫人民就是在这仅有的宝贵水土上种出了有名的中卫硒砂瓜、沙坡头苹果、富硒蔬菜、富硒大米等诸多优质农产品。

有时候上帝也是公平的，中卫没有充沛的降水，但拥有黄河的灌溉，虽是遍地沙土，却也是"塞上硒谷"，土壤中天然富硒。硒砂瓜是中卫最著名农产品之一，因大部分产自香山地区，也常被称为"香山硒砂瓜"。我们来到香山如同是进入了瓜的海洋，漫山遍野一望无际尽是瓜藤瓜叶以及生长着的西瓜。山坡上的风车随着风力悠悠转动，伴随着阳光下墨绿的瓜地，转动着瓜农们这一年的希望。

硒砂瓜最显著的特点是其独有的压砂种植技术。将就地取材的砂石覆盖在瓜地土壤表面，既能蓄水、保墒，又可以提高昼夜温差，还能防止水土流失，大大提升了硒砂瓜的种植效率。这种种植技术也赋予了硒砂瓜"石头里蹦出的西瓜"这一有趣的称号。而沙甜的口感、富硒的品质则是让硒砂瓜远近闻名的真正本质因素。

中卫常年光照充足，昼夜温差大，适合瓜果生长，糖分积累高，因此出产的水果自然香甜可口。除了硒砂瓜，中卫最有代表性的水果当属沙坡头苹果。因产自沙坡头区，故得此名。沙坡头苹果多为富士品种，采用矮砧密植的种植技术，有套袋的，也有光果的，都香甜脆爽。此外，沙坡头还是冰糖芯苹果的重要产地，很多人吃到的冰糖芯苹果可能就产自这里。不论是苹果还是硒砂瓜，灌溉都是一个巨大的难题。由于天然降水量少，中卫人只能引黄河水作为主要灌溉水源。由于西瓜、苹果大多种在海拔较高的山坡上，引黄灌溉并不是一件容易的事，一些离黄河比较远的产地深知要靠汽车来运水。为了提高水的利用率，中卫人大面积采用了滴灌的技术，满足种植需求的同时也为生态环境保护作出了贡献。在调研中，我们看到有农人自建的人工蓄水池，大的还有人工湖，一汪汪如高山上湛蓝的眼睛，为暗沉的山坡平添了一分活力。

用"逆境生长"来形容中卫农业是再合适不过的。将原本一片贫瘠荒凉的戈壁滩改造成瓜的海洋、果的世界，靠的是中卫农人的艰苦耐劳和农作物坚韧不屈的精神。如今的中卫大地，不仅瓜藤果树遍地，植被覆盖越来越广，生态环境也大大改善，走在田间道路，经常能看到山鸡、野兔从田地里跑过。老百姓虽时有抱怨这些小家伙偷吃果子，但更多的是对本地原生态环境的自豪。

除了硒砂瓜、苹果，中卫农产品不得不提的还有中宁枸杞。中宁枸杞颗粒大、籽少、肉厚、营养价值高，历来是枸杞中的精品。除了常见的枸杞干果，中卫人民科学运用先进技术，选育出了更适口的水果枸杞。可直接食用枸杞鲜果，口感鲜甜中带有一丝微微的苦涩，好比是中卫的农业生产，在甜美的收获中不忘付出的艰辛。

此外，中卫出产的优质农产品还有富硒大米、富硒蔬菜、土豆、杂粮、牛肉、牛奶等。而且，得益于中卫"塞上硒谷"的天然优势，中卫引进技术团队，大力发展功能农业，与农业品牌化形成了有力互补。

中卫硒砂瓜

中宁枸杞

历史文化里的交融和新生

　　沙漠的干旱与物产的甜蜜这对感官矛盾引发了我们对中卫农产品差异化价值的思考,而中卫地区深厚的历史文化则更是加深了我们对中卫独特魅力的认识。

　　中卫因地理交汇,有着热闹繁盛的历史。虽是全国最为年轻的地级市之一,直至2004年才撤县设市,但事实上中卫历史悠久,早在新旧石器时代便已有人类在这片土地上繁衍生息。纵观中卫历史,不难发现这里有着来自天南地北的人们活动的记录。明代前有匈奴、鲜卑、羌、回纥、女真、蒙古等部族入居,而后又有豫、陕、蒙、甘、京、沪、浙等地移民迁入。来自各地的人群在中卫会聚,不同的民族与文化在这里碰撞融合,随着时间的打磨最终形成了现今极富包容性的多元文化。

　　位于中卫闹市的高庙是其悠久历史与多元文化的证明。高庙保安寺是一座三教合一的寺庙,始建于明永乐年间,经历代增建重修,至清代时已成为一处规模较大的古建筑群,在仅2000余平方米的高台上坐落着近百间九脊歇山、四角攒尖、十字歇山、将军盔顶等不同风格的殿宇,被全国建筑师学会称做"中国古寺庙经典建筑",其中所供奉的不仅有佛像,还有玉皇、圣母、文昌、关公等塑像,融儒、释、道三教于一体。

　　白天的高庙游客众多，到了晚上则变回了中卫当地百姓的乐场。晚饭后散步走进高庙，在幽暗的灯光下看到的是一处颇具江南秀色的公园。但这幽暗的公园却并不幽静，攒动的人群尽是来活动的本地人，唱戏的、踢毽子的、跳舞的、散步的……给夜晚的高庙增添了一份独具特色的悠闲与亲和，也体现了中卫这座城市的活力与生机。

　　一周的调研之行给了我们太多的惊喜。惊喜于中卫壮丽的风景，惊喜于中卫丰厚的文化，更惊喜于中卫丰盛的优质农产品。黄河水、富硒土为中卫农业发展打下了坚实的基础，独特的区位与文化赋予了中卫农业独有的个性和内涵，但中卫农业发展的步伐并不会就此停驻，打造具有竞争力的特色功能农产品品牌是中卫农业的下一个突破口，也是让这片土地继续熠熠闪光的新希望。这座坐落于大漠长河间的城市，始终在不断进步。

吃中草药
喝矿泉水
这里的羊活得比人还精致

文/章胭胭

　　"天苍苍,野茫茫,风吹草低见牛羊",大概没有一个地方能和内蒙古大草原一样,把羊养得诗情画意。广袤的草原造就美景,更孕育出丰盛佳肴。在内蒙古大草原吃羊肉,就好比在西湖边喝茶、在秦淮河畔听曲,都是应情应景的人间一大乐事。

　　曾有人打趣芒种团队,说是"天南海北,吃遍中国",这话倒也是事实。然而就是这样一个在"吃"领域颇有见识的团队,仍然被鄂托克前旗的羊肉所征服。此行有美景、美食、美酒作伴,实在乐在其中。

天地流转：寻美大草原

许慎《说文解字》云："美，甘也。从羊从大。羊在六畜给主膳也。"中国古代"美"字的出现，和先民的主要肉食来源"羊"字有关，足见羊在中国饮食界的地位。从南到北，羊肉都是饭桌上挑大梁的重要角色，但许多人却因为羊肉的膻味望而却步。好的羊肉，应当只有肉味，没有膻味。

许多南方人初到内蒙古一定会疑惑，这里的羊肉为什么这么好吃？这个答案，自然知道。

鄂托克前旗所在的鄂尔多斯高原，气候干旱，牧草种类多样，其中不乏各色中草药，据不完全统计，全旗草场自然生长着180多种中草药，例如甘草、苦马豆等。加之昼夜温差大，紫花苜蓿等牧草蛋白质积累更高，能带给羊群更丰富的营养。

鄂前旗的空气、土壤、水洁净度高，羊群吃完中草药，还能喝纯净的地下水解渴。在牧场，只见牧民把水抽上来以后直接对口喝，一解暑热。用牧民的话说，鄂前旗的羊"吃中草药、喝矿泉水"，品质自然好。

风味流转：寻味鄂前旗

鄂前旗拥有国家认证的 560 万亩有机草场，我们本想一饱眼福，但由于团队抵达的时间是 5 月下旬，加上今年干旱，大草原还是黄秃秃的，迫切等待一场大雨。虽然草原的草还是黄的，但是草原的羊正肥着。正值休牧期，羊群都乖乖待在圈里，我们决定挨个儿去牧民家里看看小肥羊。

鄂前旗地广人稀，几公里开外才见一户人家，牧民的自建房都非常漂亮，这也映射出羊肉产业的确做到了致富一方。牧民的家，通常是一套房子带着一个棚子，一家人跟一群羊生活在一起，和乐安宁。孩子们都很懂事，会帮家长一起搭把手做些农活，时不时也玩玩沙子、逗逗小狗，自由自在地享受童年。

还未凑近羊群，我们就已听到此起彼伏的咩咩声。小羊羔的叫声急促、清脆，老山羊的叫声低沉、悠长。在这辽阔天地里，原本有些聒噪的羊叫声就如江南鸟鸣般和谐、动听，它们是蓝天白云的协奏曲。

牧民告诉我们，鄂托克前旗的羊多为"杂交"品种。起初为了提高产量，将蒙古羊与小尾寒羊进行杂交，杂交的羊称为"二元杂交羊"，它一年四季发情，一胎双羔，但肉质一般。为了提高肉质，再以二元杂交羊为母本、国外的纯种肉羊（杜泊、萨福克）为父本，杂交的后代为"三元杂交羊"。

如今，"鄂托克前旗羊肉"主要以三元杂交羊为主，绒山羊、蒙古羊为辅，共同命名为"鄂托克前旗羊肉"。它虽然没有单一传承的纯正血统，却是这片大草原自然选择的结果。只有鄂前旗的水土，才能孕育出独属它的羊肉风味。

羊肉好不好，吃了才知道。我们有幸来到牧民家里，一尝最地道的羊肉。最上等的羊肉要尽量保持原本的味道，往往只需最简单的烹饪方式。在草原上架一口大铁锅，撒一把盐，浇上清水，不添加任何调料。炖煮两三个小时后，经过高温的洗礼，羊脂渗透到每一丝纤维，香气扑鼻而来。没有腥气和膻味，反而有股淡淡的奶香，让人闻了直流口水。

香喷喷的羊肉怎么吃?来到草原，自然要用草原人的方式。每个人都拿一把小刀，把羊肉一片片剔下来吃，骨头上的肉要剔干净，这是草原人吃羊肉的习惯。

除清炖羊肉外，智慧的牧民还创造了无数种羊肉的吃法。胡辣羊蹄，味道鲜美、辣味悠长；风干羊肉肠，肥瘦相间、唇齿留香；秘制烤羊排，外焦里嫩、嚼劲十足；爆炒羔羊肉，色泽红亮、爽滑劲道；此外还有各式羊味早点：羊肉汤、羊肉包子、羊肉饺子......为了帮助消化,还可以搭配酸奶一起食用。

时光流转：寻根红色情

草原的美食美景令人向往，为了满足游客需求，当地衍生出"牧家乐"这一特色产业。游客在蒙古包中品尝地道蒙餐，既有丰盛美食下肚，又有美酒歌声相伴，非常值得一试。

2020年受疫情影响，牧家乐的蒙古包显得有些孤单。以往，从银川机场出发自驾一小时便能到达此地，交通便利，常有三五好友做客于此。主人笑着说，几杯美酒下肚，原本坚持用筷子的南方客人也开始直接上手吃菜，身上多了几分大草原的豪爽之气。

除自驾前往的游客以外，鄂前旗的"牧家乐"还有另一重身份——红色文化研学基地。主人与客人"同吃、同住、同劳动"，学习红色精神。

鄂前旗的红色文化十分深厚，延安民族学院就在旗内的城川镇办学。在那个红色的年代，无数热血志士投身于此，用双手建立人人平等的理想社会。这些志士跨越民族，更跨越大洲大洋。阳早、寒春这对美国夫妇就是典型。他们放弃在美国优渥的物质生活、崇高的社会地位，毅然来到鄂前旗三边牧场放羊、放牛，他们带来了先进的养殖技术，更带来了乐观美好的生活态度，深受鄂前旗人民尊敬。

为此，当地专门建立了阳早寒春纪念馆，把他们的故事讲给更多人听。参观纪念馆的过程中，有一幅画面深深触动了我们，寒春生日的时候，阳早用泥土做了一个蛋糕送给她，即使生活条件有限，却始终饱含对生活的热爱。

如今，阳早、寒春夫妇已经过世，后人把他们的骨灰葬在城川城址，也就是唐代宥州城址脚下，与大地共存。他们身后的长城，经历历史变迁风化得很厉害，但仍能见其筋骨，长卧草原之上。我们登上长城俯瞰，草原仍是一望无际、雄浑苍茫。

天地草场的辽阔、百草矿泉的水土、蒙元文化的性格、红色文化的印记，多重元素造就了神奇的鄂托克前旗，更孕育出极致的鄂托克前旗羊肉。人与羊的故事，在这里不断上演。

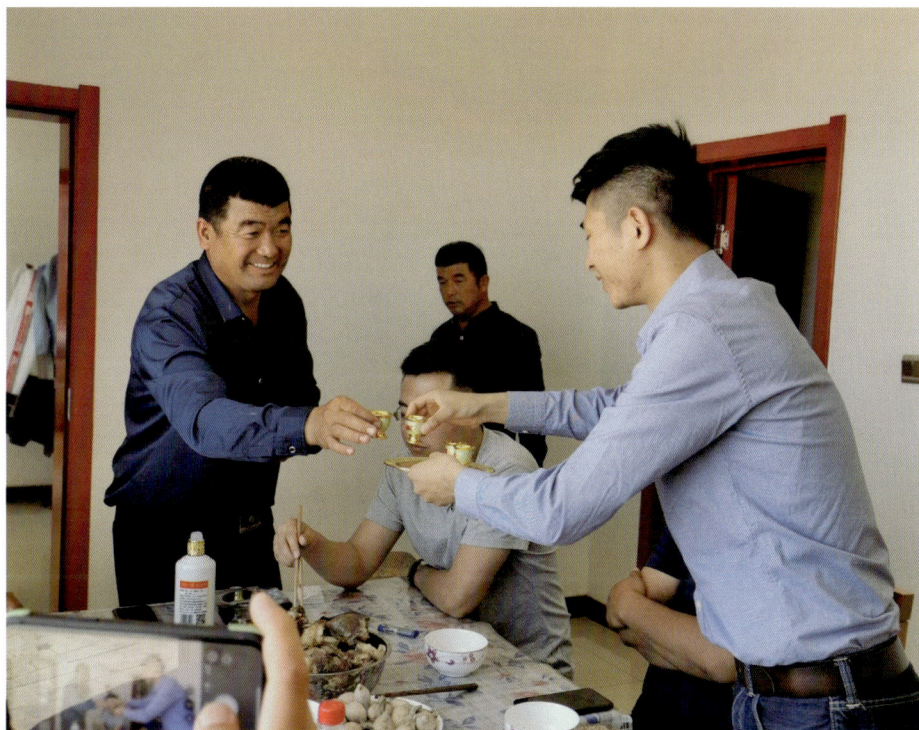

佳木斯
中国最早迎接太阳的地方

文/胡洁琛

佳木斯，坐落于祖国东北边陲的三江平原腹地，是中国陆地最东端的地级行政区，也是中国最早迎接太阳升起的地方。其名由满语汉译而来，意为"驿站"。而如今，这座城市的名称有了一个更为诗意的解释——"北方有佳木，鸾鸟栖于斯"。

漫漫历史长河中孕育的"抗联精神""东北小延安精神""北大荒精神"，让这座城市的历史文化更显厚重。如今，这片从"北大荒"变为"北大仓"的沃土，正铭记着历史温度、继承着自然禀赋，迈着快乐的舞步，一步一个脚印走向更广阔的天地。

芒种项目组此次调研之行，便一路向东，踏着晨光、追逐太阳，领略了这座城市所带给我们与众不同的感动与记忆。

东极揽胜之地

世界的终点在哪里，一直都是人类亘古不变的话题。或许因为个人短暂的一生，无法见证时间的长度，于是如何用脚丈量世界的广度便成了许多人梦寐以求的愿望。作为中国陆地最东端的地级行政区，佳木斯因此吸引了许多游人纷至沓来。于此，寻找一个关于"东极"的"希望"梦想。

初次踏上这片土地，明朗的天空，毫无保留地将这座城市的阳光与快乐，分享给我们。这里的阳光，虽强烈，但并不使人燥热；这里的空气，虽干燥，但隐隐藏着一丝微风写意的温润。这一切，似乎像一盏金色聚光灯，缓缓照亮我们，又慢慢指引我们前行的方向。

如果说东极是对于"极限"的追求，那么太阳则赋予了这个东极独特的意义。近年来，佳木斯便依靠东极的地理区位优势，大力发展这座城市的旅游业。渔文化的体验、三江口的壮丽风光、三江湿地自然保护区的湿地风光、黑瞎子岛的祖国边陲景色……

在这其中，华夏东极的日出风光，作为佳木斯旅游的金色名片，吸引了众多游人前来。此次调研之行，项目组便有幸一睹祖国最早日出的魅力。当朝阳慢慢升起，金色的阳光洒向江面，目光追随远行渔船上的背影，你会相信，今天又会是充满希望的一天。这一幕宁静而又充满力量的风光，所给予人的希冀之感，或许就是看日出的意义所在。

三江沃野之地

华夏东极的日出，给予我们美好一天的开始。这座城市的"日出"，是天命，也是人事。松花江、黑龙江、乌苏里江汇流而成的三江平原，是世界上仅有的三块黑土平原之一。而位于其中腹地的佳木斯，便因这方土地的优质黑土和草甸土，为它的农业发展取得了得天独厚的优势条件。沃野千里的黑土地，在时光中慢慢累积沉淀，这是大自然对这片土地的偏爱，是天命。而如今，我们眼前所呈现的沃野风光，却是更多人事所成就的。

"人事"的故事，首先便要从"百万知青开发北大荒"开始说起。20世纪五六十年代，北京、上海、天津、杭州、哈尔滨等城市的知识青年，响应祖国的号召，来到黑龙江生产建设兵团，建设边疆，保卫边疆。在北大荒漫无边际的原野上、充满危险的沼泽中，新一代的北大荒人用汗水甚至生命，实现了"让北大荒变成北大仓"的壮举。

循着前人的脚步，继承着沃土所赋予的基因，这座耕地总面积近3000万亩、人均耕地面积近全国平均水平5倍的城市，一直在兑现着它作为"祖国粮仓"的承诺。从新中国第一个集体农庄、新中国第一个水利机械化农场到如今粮食综合生产能力近250亿斤的产业实力，佳木斯不再仅有"中国大豆之乡""中国东北大米之乡""中国白瓜之乡""中国红葱之乡"等等的称号，更是成为国家粮食主产区和优质商品粮基地。

而如今，通过高标准农田的建设、农业科技以及现代化大农机设备的推广实行，"中国粮食，中国饭碗"已成为这座城市新时代的使命与责任。对于当下，身处一望无际稻田之中的我们，仿佛时空穿越。曾在这片土地上发生的故事，一幕幕出现在眼前。脚下的足迹镌刻着历史长河中同胞的鲜血，眼前的秧苗凝聚了几代农人无数个日夜的守候。一种宏大而又让人热血澎湃的感受不禁浮上心头。仿佛看到一轮正冉冉升起的太阳，带来这片土地与未来的希望。

东北鱼米之乡

有沃土便有粮食，有大河便有"大鱼"。三江平原，不仅赐予了这座城市一方黑土，更给予了生于此、长于此的人们安身立命的一切。赫哲族，我国六小民族之一。历史上，生活于三江平原的赫哲族人，便以鱼、兽皮制作服饰、被褥，以鱼、兽肉和野菜为食物。正如著名的《乌苏里船歌》中所唱到的那样："乌苏里江来长又长，蓝蓝的江水起波浪，赫哲人撒开千张网，船儿满江鱼满仓。"一幅播种希望、收获明天的美好生活景象浮现在眼前。

如今，佳木斯境内的赫哲族人仍旧秉承着民族传统，并且深刻地影响着这座城市。在最东边的抚远市，我们可以看到充斥着江边大鱼的鱼集市，可以尝到独特的大马哈鱼味道，可以抚摸传统与现代结合的鱼皮画。这座"东北鱼米之乡"，正在以它的方式，创造着一个独一无二的城市形象。

凌晨四五点，广场上像往日一样，传来《佳木斯快乐舞步》的音乐声。守护这座城市的佳木斯人，以他们的方式将佳木斯的快乐与活力传递至全国的每个角落。而在人口外流、人才不断流失的现状之下，他们仿佛也在期盼着远方的游子归来、共筑辉煌。

从厚重的历史中走来，如今却用轻松快乐的舞步迈向未来。我们不知道佳木斯将走向哪里，但却衷心祝愿它如初升旭日般勇敢，如阳光般灿烂。

悠然

LEISURELY

有这么一杯茶

波澜不惊的杯中望见滚滚长江

文/余蕾

———————

　　有人于幽篁里独奏六弦，一杯清茗飘飘若仙；有人泛舟茫茫冬雪湖心，新醅绿蚁红泥火炉；当然，也有人怀万千情愫，在豪情与温婉的宜昌，沏一壶宜红，望滚滚长江东逝水，叹人生是非成败转头空。

　　芒种团队此次前往这个节奏不温不火的柔情之乡，一层一层地去剥开历史故事，去穿越古今。梦醒时分，还以为大浪淘沙尽人皆沧桑，不料，一碗红油小面，一杯清口红茶，思绪万千中走回市井与平淡仅在片刻。这是一种什么样的仙术道法？

　　当我向别人提到宜昌的时候，对方一般会有两种反应，一种是记忆混淆型：

　　"宜昌啊？我知道，江西的！"

　　"那是宜春。"

"噢噢四川的嘛！"

"那是宜宾……"

而另一种则是突然想起似的：

"修三峡大坝的地方！"

这么说来，宜昌倒是个有些神奇的地方。

宜昌是湖北省的副省域中心，长江三峡中最险要的西陵峡从此地流经，三峡大坝、葛洲坝在这里建造；诞生过历史名人——屈原的家乡，王昭君的故里……它历史悠久又经济发达，山秀水美又人杰地灵。其地处长江三峡的东段，位于湖北、四川、湖南的交汇地，相较于隔壁重庆的火辣热情，武汉、长沙的泼辣直爽，一堆"火"之间，宜昌显得有些温吞，却也有着自己独特生活节奏。

在宜昌，吃早餐叫做"过早"。国人常常把"过"字用在隆重的场合之中，"过节""过年""过冬"，显出大张旗鼓、郑重其事的样子。而宜昌人，吃早餐都要用上一个"过"字，足以显示在他们眼中这件事情的重要性。

与一线城市的快节奏相比，宜昌显得"慢了一拍"，在这个不大不小的城市，人们把早餐当作一天重要的开始。时间充裕的时候，哪怕驱车数公里，宜昌人也愿意去排队买个水煎包、站着（店里生意太好而没位置）吃碗碱水面，老板忙不过来，顾客便自己起身去往碗里加上花生和香菜。

而赶着上班上学的路上，上班族、学生党也不愿对早餐敷衍了事，甚至能够端着一碗汤面，一手托碗、一手执筷，小拇指上还要勾着塑料袋装着的豆浆、酸奶，边吃边赶路，多年的经验，保证不会让汤汁泼溅弄脏衣服。所以即便有很多要紧的事情，人们还是愿意去"慢"下来认真过好生活。

宜昌人对生活秉持着一种闲适和坦然，这种生活哲学大概来源于河流。

长江，中国第一大河，自唐古拉山脉奔流而下，落至宜昌陡然平缓，河流穿城而过，江水环抱整座城市。可以说河流是城市的灵魂，有了河流，城市就活了，变得灵动。而宜昌的魂就来自于长江三峡。

宜昌城依山傍水。青山为伴，江水都是碧绿的，阳光洒在江面上，波光粼粼，偶有轮船从江面安静地驶过，空灵静谧又不失雄伟壮阔。有这样的江河环绕，每每面向辽阔的大江，"滟滟随波千万里"，人的心境自然疏朗、阔达，别无太多忧愁缠绕，生活何尝不可慢下来去享受呢？

三峡，是宜昌重要的文化符号。平阔大江也好，支流泉涧也好，亦或是峡岸奇巧的礁石与洞穴……都是美不胜收的风景画。在中国古代，人们往往因为往前的生活遭遇而触景生情，也因此古代的文人墨客在这里留下了不少千古印迹。

"斯境胜绝，天地间其有几乎？"

这是一千多年前白居易写下的诗句，那一年，白居易遭贬谪，去往蜀地任职的途中约了弟弟白行简和好友元稹在夷陵（宜昌古称）相见，三人约在西陵峡江边喝酒，酒酣之际却听见泠泠作响的泉水声，循声而去，寻见一处无名洞，因其"磷磷凿凿，跳珠溅玉，惊动耳目"而慨然作文，写就一篇《三游洞序》。

因三峡的山水形胜而称奇的不只白居易，事实上，由于古代时期宜昌远离政治中心，属于偏远地区，很多朝中官员被贬官至此，其中不乏青史留名的文豪，仅新旧《唐书》中就能找到64人，李白、杜甫、刘禹锡、欧阳修等人都在这份名单之中，文人们往来徘徊和苦吟而出的无数诗文，组成了宜昌独特的"贬官文化史"。

除了对自身境遇的喟叹之外，三峡的壮丽景色也是这些文人挥毫泼墨的重要原因。

长江流经四川盆地东缘时冲开崇山峻岭，夺路奔流形成了壮丽雄奇的长江三峡。文人们顺江而下，向西行至宜昌西陵峡，两岸的青山一下子收窄，河流曲折迂回，两岸山势高耸，云雾缭绕，山涧如白练悬挂其间，诗人面对这样绮丽壮阔的景象怎能不啧啧称奇，留诗留句。遭贬的愤懑，似乎也被这山水冲淡，心境也多了份闲适旷达。

城市有山就有了脊梁，有水就有了魂魄，三峡，这一线时而汹涌浑浊时而静谧清澈的江水让宜昌有着傲骨嶙嶙的豪放和柔情似水的婉约。如此江水，孕育如此的才子佳人。伟大的爱国诗人屈原出生于这里，《楚辞》在牙牙学语的孩童中传唱，这片热土保留了文脉的魂魄。昭君出塞，维护汉匈关系稳定半个世纪，百年之后，不知这一缕香魂是否魂归故里。

　　独特的山水孕育独特的文化，山水养人的同时也养农作物。宜昌是中国传统的产茶区之一，位于北纬 30°"黄金产茶带"，其中又以宜昌红茶品质最出众，为中国传统三大红茶之一。

　　宜昌红茶主产区在宜昌境内长江西南面岸边走廊一带，长约 80 公里，宽约 40 公里。上起葛洲坝，下至宜都口，以山地丘陵为主。海拔 400 至 1000 米。高山出好茶，正是独特的地理条件，孕育出了独具特色的宜昌宜红。这里降水丰富。长江江面上大量的水蒸气，沿着山脚向上攀爬，逐渐凝结成浓雾，经久不散。再加上这里肥沃的褐色酸性土壤。生长出的茶叶，鲜嫩而质厚，属于茶叶中的上品。

　　道光年间，广东茶商携大批江西制茶技工到宜昌五峰渔洋关设茶号精制红茶，现在，站在五峰渔洋关码头上眺望，下面的河道并不十分宽阔，很难想象《五峰县志》中记载的繁盛景象："鼎盛时，茶工万计，骡马千匹，木船百只。街市热闹，通宵达旦。"游船如织的景象已经消失，唯有当年码头上的银号伫立在旁，似乎还能一窥当年的繁华。

　　宜昌红茶称宜红，又称宜昌工夫茶，道光年间开始大面积种植，是为宜红区红茶精制出口之始。清末出口于英国，"洋人称为高品"，上个世纪 50 年代，销至前苏联创外汇，担负着中苏易货贸易的重任。宜昌宜红诞生百余年来一直处于"墙内开花墙外香"的局面。

　　如今，宜红已成为宜昌三大名片之一。通过宜昌宜红品牌的振兴，将这张亮眼的名片更好地传递给世人，让人们从这一抹茶韵中，认识宜昌这个山川秀美与人杰地灵并存，古老历史沉淀与时代蓬勃发展并始的悠悠古城。

来江门
看看广东人煲的汤里都藏着哪些美味?

文 / 池佳敏

　　暂时挥别了杭州缠绵月余的阴雨天，初到江门便与太阳打了个难得的照面。虽已是夏日，这儿的天气却还不算酷热难耐。相反，受海洋性季风眷顾的影响，蒸腾的雨汽托送于风中，吹拂在五邑大地之上，阵阵清凉袭来，倒是平添了几分惬意。

　　车辆行进于城市道路间，是感受城市特质的好时机。只见窗外的老建筑鳞次栉比，街道整洁明亮，再加上岭南地区特有的好气候，行程伊始，对江门这个城市便萌生了不少好感。

来江门，先喝汤

来到广东，最值得一提的当属广东人爱喝的汤水了。

放眼全国，估计再难找出第二个省份，如广东这般热爱汤汤水水，从消暑清甜的糖水，到清热败火的凉茶，再到煲上好几个小时才能出锅的老火靓汤。汤水之于广东人，是早已融入三餐，成为日常的存在。若是一天不喝汤，便总觉得古怪起来，如同缺失了生活的灵魂，而这一切对于江门人来说，尤为如此。

多数情况下，一个地方的风俗传承一般有两种原因，对当地历史文化的不朽传承，或是对当地地域特征的生动体现。江门人喝汤习惯的养成要属于后者，它的存在与当地的气候因素有着极大关联。

受潮湿暑热的地域气候影响，人们普遍缺乏食欲，一日三餐胃口不佳。广东人发现，若能在饭前喝上一碗汤水，既能帮助补充水分，清热去火，还能起到打开胃口帮助消化的作用。久而久之，"饭前一碗汤"便成为了广东人特有的习俗。史书对此也有明确记载"岭南之地，暑湿所居，粤人笃信汤有清热去火之效，故饮食中不可无汤"。

江门的汤, 放什么?

江门隶属于广东, 对于汤汤水水的热爱一脉相承, 调研一程我们也品尝到了各色靓汤。

江门煲汤法宝一: 新会陈皮

陈皮是岭南道地药食同源食材, 被誉为广东三宝之首, 其中属江门市新会区所产的陈皮品质最佳。于 2006 年 10 月通过地理标志产品保护申请的审查, 被批准实施地理标志产品保护。

新会陈皮由江门特产的新会柑晾晒而成。在光热充足的亚热带季风气候和三水融通——西江洪水、潭江潮水、南海海水的地理环境影响下, 新会柑所制成的新会陈皮其薄度适中、芬芳浓厚、凹凸有致。

从春天祛湿除热的冬瓜陈皮薏仁瘦肉汤, 夏天清热解毒的鸡骨草陈皮赤小豆猪横脷汤, 秋季清肝润肺的雪梨陈皮猪肺汤, 再到冬季滋养补气的陈皮红枣鸡汤, 新会陈皮被广泛搭配于四季不同的汤品之中, 是江门人煲汤的一大秘宝。

江门人将新会陈皮的美食价值发挥得淋漓极致。汤品之外, 新会陈皮还可用于制作陈皮八宝鸭、陈皮牛肉球、陈皮红豆糕等特色菜品。这些菜品, 在江门官方发布的《粤菜师傅·新会陈皮美味》读本中皆有详细方法介绍。

若有缘来到江门, 喝上一盅地道的新会陈皮汤, 吃上一桌丰盛的陈皮宴, 感受着陈皮的醇味在舌尖蔓延, 必然让你唇齿留香, 久久难忘。

江门煲汤法宝二：杜阮凉瓜

凉瓜是广东靓汤中常见的一道食材，具有清热解暑、明目解毒等作用。在江门地区，以凉瓜为汤料的煲汤之法则更为普遍。当地种植有一款凉瓜，名为杜阮凉瓜，其口感脆爽无渣，被奉为煲汤的佳料，极受江门人喜爱。因其体态肥大，极似木瓜，当地人们也会亲切地称它为"大顶瓜"。

想想在燥热的夏日里，喝上一碗杜阮凉瓜汤，由这位"菜中君子"帮忙，扫去心头萦绕的烦闷与躁动，也是不错之选吧！

江门煲汤法宝三：恩平簕菜

不吃野菜，不知其鲜味。在江门恩平地区，有一款极具特色的野菜，其枝节间带有小刺，不小心可能会刺伤皮肤，故而被江门人命名为恩平簕菜。（"刺"字在江门方言中发音为"簕"）

江门煲汤法宝四：台山鳗鱼

即使你从未听过台山鳗鱼的名字，也千万别小瞧了它。江门台山地区夏季不酷热，冬春不严寒，且地质坚实，保水性能好。在独特的气候条件、极佳的养殖土质以及物质能量的迅速转换下，当地养殖的台山鳗鱼背部偏蓝色，皮薄肉嫩，肉质细腻，营养价值极高。

作为江门台山的一款特色农产品，台山鳗鱼有国家级出口鳗鱼质量安全示范区和国家地理标志产品保护两个国字号金字招牌，早已"不动声色"地打入了日韩市场，在日本占据高达50%的市场份额。

口感鲜香、肉质细腻的台山鳗鱼也是盛夏消暑的最佳食品，极为适宜夏天湿气重或食欲不振的人食用，如清炖鳗鱼汤、枸杞鳗鱼汤等都是江门人常做的靓汤。想想操劳工作了一天，晚餐时喝上一碗营养滋补的台山鳗鱼汤，大概是人生最幸福的时刻之一了。

山上长的，水里游的……一碗碗江门餐前的汤点里，凝结着江门的百味物产，也浓缩着江门人的生活百态。不分贫贱富贵，无论忙碌清闲，开餐前总要品上一碗滋味鲜甜的汤煲打底。抛去凡尘芜杂，啜一口清汤，啜一嘴鲜香——用心品味，才是对食物最大的尊重。

脆爽无渣的杜阮凉瓜

极具特色的恩平簕菜

台山鳗鱼煲仔饭

岁月停摆 草木欣荣
——藏在幽静中的盎然生机

文/茅嘉豪

　　说是大家闺秀，却有着铮铮铁骨、不让须眉；说是仗义侠客，偏又惹了灼灼群芳、百花争奇。如若定要将汉源比作一个人，想来也只有花木兰最为贴切，可以戎马倥偬、沙场秋点兵，也可眉黛青颦、对镜贴花黄——侠骨柔情，不外如是。2018年8月下旬，芒种品牌管理机构一行，就农产品区域公用品牌规划一事前往汉源开展调研，在炎炎暑日里一头撞进了这方川西南的桃源秘境。

　　汉源县隶属于四川省雅安市，位于大渡河中游两岸，四川盆地与青藏高原之间的攀西河谷地带。从成都一路向西南行进，穿过群山屏障，掀开云雾的轻纱，在天色逐渐明朗之时，方才邂逅汉源这座幽静的城市。不同于四川地区给人们留下的阴雨印象，汉源县深受阳光青睐，乃是"攀西阳光第一城"。氛围闲适、天气晴朗、呼吸清新，使得汉源成为川内宜居休闲的上好去处。

然而，历史上的汉源却少有这样的幽静时刻。独特的地理区位使汉源历为通往康藏、宁属的咽喉要道，常常是车水马龙、人流如织。早在商周时期，四川地区就已经形成较高的丝绸织造水平，彼时蜀人商贾将丝绸长途贩运到印度出售，并转口贸易到中亚、西亚和欧洲地中海区域，形成了"南方丝绸之路"。唐宋以后茶马贸易兴起，南方丝绸之路的交易商品亦随之变更，商人们将茶叶运往周边地区，又将战马源源不断地送回中原。长此以往，茶马互市取代了丝绸贸易的地位，这条商路在后世更以"茶马古道"而得以闻名。

作为昔日的边陲要津，汉源乃是南方丝绸之路、茶马古道的重要驿站，吸引了无数客商云集于此、交流物资，对促进我国与欧亚地区的经济文化交流功不可没。在商贸往来的过程中，不同地域的文化通过商路串联，于此地发生激烈的碰撞、交流与变迁，汉、彝、藏、回等多元民族在这里和谐共生，对汉源的文化传承造成了深远影响。在这片土地之上，可以看到反映南方人类远古文明起源的富林文化、大树狮子山型文化的遗址风貌，也可见展现古代商贸往来的茶马古道、南丝绸之路古道等独特风情，更能近距离感受反映中央红军精神气貌的诸多革命遗址。

1935 年，中央红军长征从云南巧渡金沙江后，沿会理至西昌大道继续北上，准备渡过大渡河进入川西北。汉源作为行进途中的重要站点，见证了红军长征的许多关键时刻。佯攻富林镇、智取飞越岭、鏖战清溪城、激战三亚关……诸多革命遗址遗迹如今尚还可在汉源寻到踪迹，先辈们不屈不挠的斗争精神仍在这片土地上长久驻留。

商贸往来开拓了汉源人的视野，革命奋斗则鼓舞了汉源人的精神。汉源包容、吸纳了来自中原与异域的多元文化，历经了千百年来的世间繁华，亦将红军一往无前的革命精神融汇于胸。时至今日，关于商贸和革命的故事已经远去，汉源人却早已从中学会了淡然处世、不失傲骨的气度，既懂得享受生活本真的美好，也明白拼搏进取的可贵。

这种气度，藏在汉源人的嬉笑言谈里，更藏在汉源的山野田园中。

汉源人故老相传，昔日诸葛亮领军途经汉源，曾赞叹说："天下绝收，此地半收。天下大乱，此地无忧。"得益于地理地貌条件，汉源县全年气候温和，昼夜温差大，日照充足，光热资源丰富，对农作生产而言是不可多得的优渥之地。史料记载，从唐朝元和年间起，汉源出产的花椒就被选作皇室宫廷贡品，一直到清光绪年间免去岁贡，前后有近千年进贡历史，至今仍为嗜麻的老饕们津津乐道。

现在汉源人在往昔的良好基础上更进一步，从低谷到高山，将每一寸土地都予以充分利用：田埂上是梨树，田地里是蒜薹、稻谷，山中则是花椒、樱桃、苹果和蔬菜……满满当当都被妥善安置。目前县域内已形成了门类众多、独具特色的农业产业，建成了甜樱桃、红富士苹果、晚熟黄果柑、金花梨、伏季水果五大水果基地，早春、秋延、高山三大蔬菜基地和花椒、核桃两大干果基地，农作栽种面积在80万亩左右。

对待农作，汉源人既秉持着顺其自然、依据时令收获的淡然态度，又倾注了无微不至的悉心关怀。因为对土地的信赖，他们才始终保持淡然之心，不去过度进行人工干预；因为对内心的坚守，他们才能穷尽心力，呵护每一份农作出产的自然成长，以葱郁草木守候这座古老的城市。

188

春日里，山风唤醒沉睡的枝桠，用巧手为这座城市妆点上鲜活的纹饰，三月是万树梨花开，四月是桃花初登场，五月则又换了苹果花唱主角……各色繁花次第开放、接踵而来，为汉源平添几分灵动姿色。到了夏秋时节，这满城的花团锦簇，又化作一份份沉甸甸的收获悬挂枝头，献给远近来客琳琅的美味珍选。

巍巍青山，让我心酥。夭夭芳华，使我痴迷。汉源的山水草木，有着一种遗世独立、不染尘埃的雅静气息，那穿越千载光阴的声声马蹄、属于战士的英勇呐喊，都早已内化为汉源的精神源泉，让其更具力量、亦更添光彩。愿这份雅静，伴随着品牌的脚步，分享给千万人家。

一碗豆花吸溜落肚
合江的惬意生活

文/池佳敏

———————

初识合江，是在"千年荔城，甜美合江"的城市口号里。底蕴深厚，物产丰饶，气质亲切——这座低调的西南县城，就是这样以温柔慧质的形象走进来访者心中。

合江坐落于川黔渝三省市的交汇之处，从地形上看，颇有几分巧妙——云贵高原与四川盆地两种奇特地形融洽汇合，大娄山脉的余晖隐约可见，浩荡的长江水蜿蜒过境，高大的山体、纵横的深丘都是其重要组成形态。

流水切割与地球内营力共同作用下，县城被一分为二，呈现出截然不同的城市风貌。以长江为界向北望去，是一片绵亘的丘陵地带，也是县城内工商业发达的片区；向南望去，是千岩竞秀的山川美景，佛宝景区、法王寺景区等诸多自然、人文景观，如同一颗颗璀璨明珠，镶嵌在美丽的"蝴蝶翅膀"之上。每一颗，都藏着无尽的珍奇滋味。

"山川，是这片土地的宝藏"

山川对这片土地的喜爱，是尤为深厚的，仿佛要把一切美好的景观、丰饶的物产都馈赠给这方百姓。

在诸多丰厚的赠予中，最惹人注目的当属福宝原始森林。福宝原始森林位于县城的东南部，占地面积四万公顷，广阔空间内集合了森林风光、丹霞地貌、瀑布飞泉、人文古镇等诸多风光。驱车行驶在这奇秀山水中，就如坠入林间仙境般，清净幽雅忘却繁杂。这般山川美景，于外人而言，不免惊叹与感慨，于合江人而言，却是早已融入生命、成为日常的生活背景图。

在福宝景区，人与自然展现出和谐一体、生生不息的状态，除了雄奇伟岸的自然景观，人文与风光的深度融合更为其平添一份灵动意趣。景区内有一古镇，亦名福宝，其所存建筑多为明、清所建，有"中国山地民居建筑精华"之美誉。因地理位置的限制，商业化的气息尚未渗入这方灵动天地，历史所遗留的淳淳风貌有幸得以完整留存，也让我们有缘领略到最为原始与纯粹的古镇风光。

行走在古镇之中，只见石阶起起落落，蜿蜒伸向前方，每一寸光阴带来的古朴文雅于此凝聚，让原本躁动的内心受到深深安抚。恰逢细雨霏霏，古镇的石板路略有些湿润，朦胧间好似走入一幅缓缓展卷的泼墨山水画。不时有居民打伞走过，更是为这幅诗意画面增添了一份闲适的生活气息。

"生活，是这里最重要的事"

在合江人看来，"耍得舒服，过得惬意"是生活的头等大事。尽管合江人鲜少标榜自己热爱生活，但合江人对生活的热情却早已在日常中体现得淋漓尽致。

起早沿江走上一路，这份感触会更为清晰。在清晨的广场上，既可以看到老一派人以舞剑、打太极、跳广场舞等方式开启新一天的生活，也可以看到年轻人以散步、晨跑等方式彰显他们对生活的朝气。除了早起锻炼的合江人，江畔早市里的各乡镇村民也洋溢着他们对生活的热情。每一天，县内各乡镇的乡亲们都会早早起床，挑起扁担、装满蔬菜，乘坐渡船来到合江县城，汇聚在早市里，在特色的方言声声吆喝中，招徕过往行人。

如果有缘能结识一位土生土长的合江人，那可就更幸运了。跟着老合江人，一定不会错过当地最传统的特色早餐——合江早豆花。深谙美味秘密的老合江人，必会领你穿过层层街区，在琳琅的店铺中，找到一家看似寻常的小店，带你品尝一碗绝妙的合江豆花。

合江早豆花的做法并不复杂。一碗豆花、一碗蘸水、一碗窖水，再加上一碗白米饭，便成了早豆花的完整模样。当然，若想再吃得丰盛些，你还可以点上烧白、粉蒸肉等好酒美菜，搭配随性，丰俭由人。

看似简单、随意的豆花，论起源头来却也有一段悠久的历史。唐代之时，合江是川盐入黔的要塞，县内常年有货船穿梭，马帮云集。过往的商户、船帮为节约时间并省做炊之劳，多将豆花作为早饭。后来，合江作为商旅要津的商业地位逐渐不在，车旅商客也渐渐隐匿于岁月流光中，再难寻其身影，特色饮食合江豆花却被长久地保存下来，成为合江生活的重要打开方式。

试想，在薄雾氤氲的清晨微光里，在初露喧声的城镇马路边，将一碗滑嫩嫩的豆花"吸溜"落肚，满口咸香爽辣的滋味充盈唇间，只觉车马也安静了，身心也安定了。

实地拍摄的福宝原始森林景观

如今的豆花是合江人的生活必需品

"绿色，是城市不变的底色"

合江县内生态资源丰富，青绿叠翠的自然景观随处可见，也让绿色成为合江县最为浓重的主色调之一。加之县城地处三江汇流之地，县域内形成了有别于周边地区的局部小气候。智慧的合江人将之充分利用，培育出颇具合江特色的优质农产。

提起合江农产品，名声最响的当属合江荔枝，这也是合江人心中的绿色骄傲。合江已有近两千年的荔枝栽培历史，是贡京荔枝的供给地和荔枝古道的起始地，乃是我国北缘荔枝商品生产基地。宋人罗大经在《鹤林玉露》中曾明确指出，"一骑红尘妃子笑，无人知是荔枝来"诗文中提及的荔枝，指的便是合江荔枝。2007年，合江荔枝入选"北京奥运水果评选一等奖"，再一次火爆市场，到了次年，其核心种植地所售卖的荔枝，价格高达上千元，可谓是一颗难求。

在荔枝之外，合江这片土地上还聚集了真龙柚、金钗石斛、大米、青果、川佛手等特色鲜明、品质出众的美好物产。岁岁年年间，辛勤的合江农人挥动锄头播撒种子，将土地的馈赠变为一件件甜美、优质的合江农产品，成为当地赖以生存、增收致富的重要产业，也让城市的绿意底色得以长久留存。

山峦的间断起伏阻隔了交通的畅达，某种程度上放缓了合江经济繁荣发展的脚步。然而连绵的山峦也造就了一座座隐秀于自然山水中的生活民居，让这里的生活充满惬意与闲适。位于川黔渝三省市交汇处的独特位置，四川的乐观豁达，重庆的耿直爽朗，贵州的淳朴善良在这里得以充分融合，这片土地天生便带有与众不同的气息。

初次造访合江，难免感到意外和不适。然而只要在这里呆上一段时间，看到起伏的山川草木、闲适的生活气息、盎然的合江农产、豁达爽朗的合江人，感受到城市的千年文脉传承和甜美气质，相信对于这片土地，也会有别样的情感了。

后记 POSTSCRIPT

循着美好意义继续行走
——《行走的意义》后记

行走是否有意义？这是一个充满哲学意味的问题。

我们这一辈人，大多生在八九十年代，儿时常受"读万卷书"的谆谆教诲，大了也总想"行万里路"，不拘泥于一方小天地。10余年前，我还只是浙江大学广告学专业的一名学生，因深受导师胡晓云教授的教导与启迪，生发出了对品牌农业事业的向往。从浙大出发，我与一群志同道合的朋友踏上了农业品牌化的征途。

十多年来，越来越多的伙伴加入到行走的队伍中。北到黑龙江畔，南到天涯海角，东到长白山脚下，西到伊犁河谷，都留下了我们的足迹。这个队伍也有了一个响亮的名字——"芒种"。芒种是二十四节气之一，却又非常特殊，它既是一个收获的时节，又是一个播种的时节。

正如这个节气一样，我们在行走中一路收获，也一路播种。我们去到了许多人此生都不会抵达的远方，看到了许多人此生都无缘得见的风景，听到了许多人此生都不曾听闻的故事，尝到了许多人此生都无缘品尝的美味——这是于我们而言的第一层收获。在行走的同时，我们也把农业品牌化的种子沿路播撒开去。如今，这些种子已经萌生出近两百个农产品品牌，在祖国的山川河岳中茁壮生长。

我们与这些品牌一同成长，不断总结经验，探索更为有效的路径与方法——这

是我们的第二层收获。在收获的同时，又将之凝结成新的种子，播撒向更远的地方。

"深耕品牌农业，播种农业未来"，这就是我们行走的意义。正如浙江大学的校训"求是·创新"一样，我们这支从浙江大学走来的队伍，踏实地用双脚丈量我们脚下这片深爱的土地，又在这片土地上种出了一朵新的花，一棵新的树，直至一整片新的茂密森林。

我们感谢与我们同行的所有人，感谢你们与我们一起探索，一起精彩，一路播种，一路收获。让我们循着这个美好意义，继续行走。

魏春丽 携芒种各位同仁

2021 年 11 月 3 日

图书在版编目（CIP）数据

行走的意义：芒种山河采风集 / 魏春丽主编；贺
梦晗，周叶润副主编. -- 杭州：浙江大学出版社，
2022.1
ISBN 978-7-308-22138-2

Ⅰ.①行… Ⅱ.①魏… ②贺… ③周… Ⅲ.①农产品—品牌战略—研
究—中国 Ⅳ. ①F326.5

中国版本图书馆CIP数据核字(2021)第262576号

行走的意义：芒种山河采风集

魏春丽　主编
贺梦晗　周叶润　副主编

责任编辑	李海燕
责任校对	董雯兰
美术指导	岑文军
封面设计	杨仟
出版发行	浙江大学出版社
	（杭州市天目山路148号　邮政编码 310007）
	（网址：http://www.zjupress.com）
排　　版	商梦竹
印　　刷	杭州高腾印务有限公司
开　　本	710mm×1000mm　1/16
印　　张	13.25
字　　数	200千
版 印 次	2022年1月第1版　2022年1月第1次印刷
书　　号	ISBN 978-7-308-22138-2
定　　价	78.00元